Sandra Sommerfeld

Dem Sommer auf der Spur

Ideen, Materialien und Aktionen

HERDER

FREIBURG · BASEL · WIEN

Die Autorin
Sandra Sommerfeld ist Sozialpädagogin, Erzieherin und Fachkraft für Psychomotorik. Sie verfügt über langjährige Erfahrungen im Kindertagesstättenbereich.

© Verlag Herder GmbH, Freiburg im Breisgau 2008
Alle Rechte vorbehalten
www.herder.de

Umschlaggestaltung: Büro MAGENTA, Freiburg
Illustrationen: Anne Wöstheinrich, Münster
Lektorat: Cornelia Schönfeld, Freiburg

Layoutentwurf und Produktion: HellaDesign, Emmendingen
Druck und Bindung: fgb · freiburger graphische betriebe 2008
www.fgb.de

Gedruckt auf umweltfreundlichem, chlorfrei gebleichtem Papier
Printed in Germany

ISBN: 978-3-451-32125-2

Inhalt

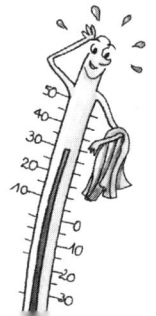

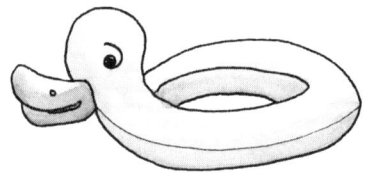

6

Einleitende Worte

Das ist der Sommer: sattes Grün, dichtes Blattwerk, bunte Sommerwiesen, duftende Blumen, leckere Früchte, zwitschernde Vögel und summende Bienen. Wenn jetzt noch die Sonne am blauen Himmel strahlt und die Temperaturen nach oben klettern, wird die Freiluftsaison endgültig eingeläutet. Die meisten Aktivitäten finden nun im Freien oder in der Natur statt. Je heißer es wird, desto häufiger werden die Kinder im, am oder mit Wasser spielen und sich in der Mittagshitze im Schatten aufhalten wollen. Nutzen Sie mit den Kindern die Sommermonate. Erforschen Sie gemeinsam die Sonne mit ihren Annehmlichkeiten und Gefahren, folgen Sie dem Schatten, genießen Sie die leckeren Sommerfrüchte oder beobachten Sie die eifrigen Insekten am Boden und in der Luft. Voller Begeisterung werden die Kinder mitmachen, wenn sie mit ihren Eltern zum Ausklang des Kindergartenjahres ein großes Mittsommerfest feiern und bei einer Mittsommernachtswanderung die Elfen, Feen und Zwerge im Wald besuchen.
Machen Sie die Sommerzeit für die Kinder zu einem ganzheitlichen Erlebnis, damit sie Einsicht in die natürlichen Lebenszusammenhänge erlangen und die Natur schätzen lernen. Verbinden Sie das Erleben der Naturveränderungen mit den Eigenerfahrungen und der Gefühlswelt der Kinder. Greifen Sie während der Projektwochen stets ihre Fragen und Impulse auf, um diesen gemeinsam nachzugehen.

Das vorliegende Buch möchte Sie auf Ihrem Weg durch den Sommer begleiten und mit vielen Anregungen unterstützen. Es ist der dritte Band einer Jahreszeiten-Reihe, die voller Spielideen, Informationen, Experimente, Gestaltungsanregungen und Tipps für kleine Forscher steckt. Jeder Band möchte Ihnen und den Kindern Lust machen, gemeinsam die Besonderheiten der jeweiligen Jahreszeit mit vielseitigen Aktivitäten aufzuspüren.
Zu Beginn der Angebote finden Sie Empfehlungen zu Alter, Gruppengröße, Ort und benötigtem Material. Eine weitere Orientierungshilfe bieten Ihnen die Hinweise auf die zentralen Bildungsbereiche des Elementarbereichs. So stehen die einzelnen Bildungsbereiche für besondere Förderschwerpunkte, die in ihrer Gesamtheit dem Prinzip der ganzheitlichen Förderung folgen.

- **Natur, Lebenswelt, Technik:** Die Erkundung der Jahreszeiten bietet vielfache Möglichkeiten der kindgerechten Wissenschaftsvermittlung. So wird den Kindern bei Exkursionen in die Natur oder bei der

Erkundung von Wetterphänomen ein umfassendes Verständnis für ihre Lebenswelt vermittelt, während sie gleichzeitig verschiedene Techniken des selbstständigen Lernens kennen lernen.

- **Sprachliche Bildung:** Kinder wollen und müssen ihre vielfältigen Beobachtungen, Erfahrungen und Eindrücke kommunizieren. Sie wollen ihr Wissen austauschen, ihre Gedanken, ihre Visionen und Zweifel mitteilen. Sie wollen in Gesprächen ihre Ergebnisse präsentieren, vergleichen und bewerten.

- **Wahrnehmung und Bewegung:** Bewegungsspiele, Entspannungsübungen, Traumreisen und Erkundungstouren in die Natur fördern die Konzentration, die Ausdauer, die Wahrnehmung und die Körperbeherrschung der Kinder.

- **Ästhetisch-kreative Bildung:** Beim Schmücken vom Jahreszeitentisch oder bei der spielerischen und kreativen Auseinandersetzung mit Sand und Wasser stellen die Kinder die Jahreszeiten so dar, wie sie sie sehen und empfinden.

- **Sozial-emotionale Bildung:** Beim gemeinsamen Mittsommerfest machen sich die Kinder bewusst, wie sehr der Mensch vom Naturkreislauf abhängig ist. Gleichzeitig erfahren sie, dass alte Werte und Traditionen auch in unserer Zeit noch sehr aktuell sind.

Stimmen Sie die Aktionen auf die Kinder Ihrer Gruppe ab und kombinieren, verändern oder ergänzen Sie diese durch eigene Ideen. Das Buch ist sowohl für pädagogische Fachkräfte in der Kita, in der freien Gruppen- und Projektarbeit als auch für Lehrkräfte an Grundschulen sowie für interessierte Eltern gedacht. Egal, für welchen Bereich Sie das Buch nutzen möchten, begeben Sie sich mit den Kindern auf eine Erlebnis- und Erkundungsreise durch den Sommer und lassen Sie sich von den Jahreszeiten verzaubern.

Ich wünsche Ihnen eine fröhliche und erlebnisreiche Sommerzeit

Sandra Sommerfeld

Trara, der Sommer, der ist da

Der Sommer liegt zwischen dem Frühling und dem Herbst. Aus astronomischer Sicht beginnt der Sommer am längsten Tag des Jahres, also mit der Sonnenwende am 21. oder 22. Juni, wenn die Sonne senkrecht über dem nördlichen Wendekreis steht. Er endet mit der Herbsttagundnachtgleiche am 22. oder 23. September, wenn die Tage langsam wieder kürzer werden. Für die Meteorologen dauert der Sommer vom 1. Juni bis zum 31. August, da sie die Jahreszeiten jeweils vollen Kalendermonaten zuordnen.

Nach dem phänologischen Kalender kann der Sommerbeginn erheblich von astronomischen und meteorologischen Berechnungen abweichen, da dieser sich am Blütenstand der Pflanzen orientiert.

Angebote zur Einstimmung

Lassen Sie die Kinder berichten, wie sie sich den Sommer vorstellen. Besuchen Sie anschließend gemeinsam die Wiesen und Wälder in Ihrer Umgebung. Beobachten Sie dort mit den Kindern das Verhalten und die Kleidung der Menschen. Entdecken Sie die geheimnisvollen Lichtspiele der Sonnenstrahlen, wenn diese das dichte Blätterwerk der Bäume durchbrechen.

Sommerexkursionen

- **Bildungsbereich:** Sozial-emotionale Bildung / Ästhetisch-kreative Bildung
- **Alter:** ab 3 Jahre
- **Anzahl:** unbegrenzt
- **Ort:** draußen
- **Material:** Notizblätter, Stifte, Fotoapparate (Digitalkamera)

Der Sommer durchläuft drei Phasen: Früh-, Hoch- und Spätsommer. Bei regelmäßigen Exkursionen erkunden die Kinder die Besonderheiten jeder Phase. Besuchen Sie gemeinsam den Wald, eine Wiese, ein Feld, einen Garten und Ihr Außengelände. Hier betrachten die Kinder den Entwicklungsstand der Bäume und des Getreides, die Blütenvielfalt der Blumen, die unterschiedlichen Insektenarten und die Tätigkeiten der Menschen.

Mit gemalten Bildern und selbst gemachten Fotos halten die Kinder ihre Beobachtungen fest. Vergleichen Sie mit ihnen nach jeder Exkursion die Aufzeichnungen. Erkennen die Kinder die Unterschiede? Können sie diese auch benennen?

Tara, der Sommer, der ist da

Die drei Phasen des Sommers

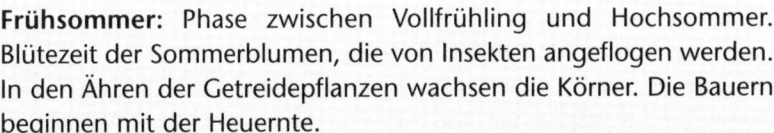

Frühsommer: Phase zwischen Vollfrühling und Hochsommer. Blütezeit der Sommerblumen, die von Insekten angeflogen werden. In den Ähren der Getreidepflanzen wachsen die Körner. Die Bauern beginnen mit der Heuernte.
Hochsommer: Juli und August sind meist die heißesten Monate. Johannisbeeren, Erdbeeren, Kirschen und viele weitere Früchte sind nun reif. Auch das Getreide auf den Feldern kann geerntet werden.
Spätsommer: Phase zwischen Hochsommer und Frühherbst. Das Heidekraut blüht und manche Obstsorten werden reif. Die zweite Heuernte beginnt.

Unsere Umgebung im Sommer

- **Bildungsbereich:** Natur, Lebenswelt, Technik / Ästhetisch-kreative Bildung
- **Alter:** ab 5 Jahre
- **Anzahl:** unbegrenzt
- **Ort:** drinnen
- **Material:** Fotoapparat, Farbdrucker, Fotopapier, festes Papier, Notizblöcke, Stifte, Klebestift, Ordner, Bindegerät

Ausgestattet mit Digitalkamera, Notizblock und Stiften gestalten die Kinder einen kleinen Naturführer von ihrer näheren Umgebung. Suchen Sie gemeinsam merkwürdig gewachsene Bäume, Plätze mit vielen Pflanzen, Obststräucher und -bäume, eine Blumenwiese, Feldwege oder Vorgärten.

Damit die Kinder möglichst viele verschiedene Pflanzen für ihren Naturführer fotografieren können, erkunden sie ihre Umgebung in den Sommermonaten jeweils an einem festen Wochentag. Für jedes Foto notieren sie –
eventuell mit Ihrer Hilfe – vor Ort die Nummer der Aufnahme, das Datum,
den Standort und die Besonderheiten.
Die ausgedruckten Fotos werden auf festes Papier geklebt und mit allen
gesammelten Informationen beschriftet. Dann gestalten die Kinder ein
Deckblatt mit dem Titel ihres Naturführers und eine Rückseite mit den
Namen aller Beteiligten. Vielleicht haben Sie die Möglichkeit, diesen
Naturführer zu vervielfältigen, zu binden und gegen eine kleine Spende
oder Aufwandsentschädigung an Interessierte weiterzugeben.

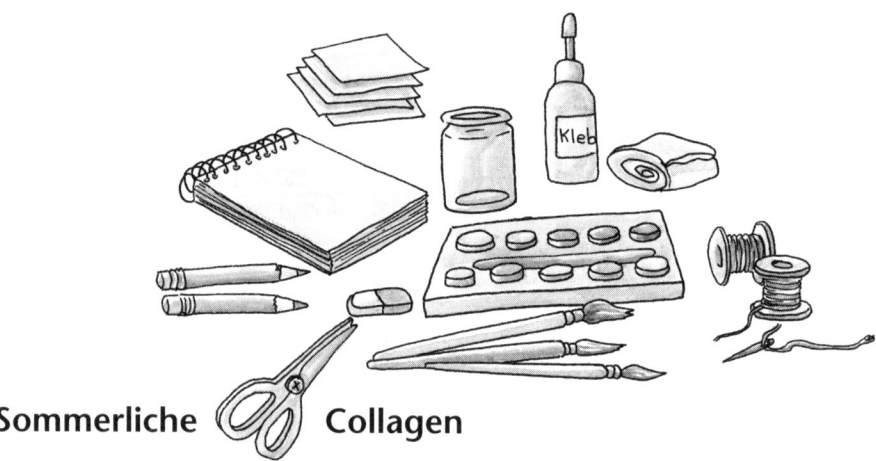

Sommerliche Collagen

● **Bildungsbereich:** Sprachliche Bildung / Ästhetisch-kreative Bildung
● **Alter:** ab 3 Jahre
● **Anzahl:** unbegrenzt
● **Ort:** drinnen
● **Material:** Zeitschriften, Zeitungen, Kataloge, Scheren, Klebstoff, Ton-
  karton

Fragen Sie die Kinder, wie sie sich den Sommer vorstellen. Zur Vertiefung
ihrer Gedanken erstellen sie in Einzel- oder Gruppenarbeit sommerliche
Collagen. In Zeitschriften, Zeitungen und Katalogen suchen sie nach Bildern
oder Wörtern, die einen Bezug zum Sommer haben. Die Kinder schneiden
die gefundenen Motive aus und kleben diese auf Tonkarton.

Gegenstände des Sommers

- **Bildungsbereich:** Sprachliche Bildung
- **Alter:** ab 5 Jahre
- **Anzahl:** unbegrenzt
- **Ort:** drinnen
- **Material:** großes Tuch, Blumenvase, Sommerblumen, Muscheln, Postkarten, Flugzeug, Auto, Blume, Reiseführer, Flugtickets, Reiseprospekte, Sonnenhut, Sonnencreme, Badehose, Eislöffel, Wasserflasche, Thermometer, Kühlbox, Sandformen

Breiten Sie ein großes Tuch auf dem Boden aus und stellen Sie in die Mitte eine Vase mit Sommerblumen sowie verschiedene Gegenstände, die typisch für den Sommer sind. Die Kinder setzen sich um das Tuch herum und betrachten die ausgelegten Dinge. Reihum nimmt sich jedes Kind einen Gegenstand und erklärt den anderen, warum es diesen gewählt hat.

Variation: Jedes Kind bringt von zu Hause einen Gegenstand mit, den es mit sommerlichen Erinnerungen oder Gedanken in Verbindung bringt. Bestimmt werden interessante Gegenstände gezeigt und spannende Erklärungen genannt.

15

Sommermode designen

- **Bildungsbereich:** Ästhetisch-kreative Bildung
- **Alter:** ab 5 Jahre
- **Anzahl:** unbegrenzt
- **Ort:** drinnen oder draußen
- **Material:** Zeitschriften, große Plastiksäcke, Schleifenband, Wolle, Stoffreste, Blüten, Blätter, Efeu und andere Naturmaterialien, Wäscheklammern, Scheren, Klebstoff

Jeweils zwei bis vier Kinder bilden Kleingruppen und designen gemeinsam die neueste Sommermode. Auf mehreren Tischen liegen übersichtlich sortiert Müllsäcke, Zeitschriften, Naturmaterialien, Bänder, Wäscheklammern und Klebstoff bereit, aus denen sich sehr extravagante Sommerkreationen gestalten lassen. Jede Gruppe wählt ein Kind als Modell, das deren Kreation direkt auf seinen Körper geschneidert bekommt und diese präsentieren wird. Die anderen Kinder übernehmen bei der anschließenden Modenschau die Erklärung ihrer Sommerkleidung.

Sommerlicher Jahreszeitentisch

- **Bildungsbereich:** Ästhetisch-kreative Bildung
- **Alter:** ab 3 Jahre
- **Anzahl:** unbegrenzt
- **Ort:** drinnen
- **Material:** Tücher in Grün- und Gelbtönen, Muscheln, Steine, bunte Blumen, Vase, Obst der Saison, Tisch

Gestalten Sie mit den Kindern einen sommerlichen Jahreszeitentisch. Auf diesen drapieren Sie mehrere grüne Tücher. Bei gemeinsamen Ausflügen sammeln die Kinder sommerliche Fundstücke und legen diese auf den Tisch. Auch Mitbringsel finden dort ihren Platz. Das besondere an dem Jahreszeitentisch ist, dass darauf sowohl schöne Dinge wie blühende Blumen, Muscheln und Steine ausgelegt werden als auch ungewöhnliche Fundstücke wie eine tot aufgefundene Hummel. Auch sie ist typisch für den Sommer.

Wohin geht die Reise?

- **Bildungsbereich:** Ästhetisch-kreative Bildung
- **Alter:** ab 5 Jahre
- **Anzahl:** unbegrenzt
- **Ort:** drinnen
- **Material:** Reisekataloge, Scheren, Klebstoff, Tonpapier

Der Sommer ist die Hauptreisezeit, denn viele Familien nutzen die langen Schulferien für eine mehrwöchige Urlaubsreise. In Reisekatalogen suchen die Kinder nach ihrem Urlaubsziel oder ihrem Wunschland, in das sie gerne einmal reisen würden. Sie schneiden die passenden Fotos aus und kleben sie als Collage zusammen. Anschließend stellen sie sich gegenseitig ihre Reiseländer vor. Auf diese Weise erfahren die Kinder von den Reisezielen der anderen und hören von Ländern oder Orten, die sie bisher nicht oder kaum kannten. Die Collagen werden später als Wanddekoration aufgehängt.

17

Pflanzen im Sommer

Im Sommer laden viele Früchte zum Kennenlernen und Naschen ein. Bei verschiedenen Angeboten rund um die Erdbeere erfahren die Kinder mehr über Blätter, Blüten und die verschiedenen Arten der süßen Früchtchen. Durch eigenes Tun erlernen sie den richtigen Umgang mit den druckempfindlichen Erdbeeren beim Selbstpflücken, beim Transport, bei der Lagerung sowie beim eigenen Züchten.

Da im Sommer viel Zeit draußen verbracht wird, verändern und erweitern Sie doch mit den Kindern Ihr Außengelände zu einem attraktiven Natur- und Spielerlebnisort.

Bei Exkursionen im Freien verwandeln sich die Kinder in kleine Kräuterhexen und -hexer, die sich mit verschiedenen Kräuter- und Heilpflanzen auseinandersetzen und umfangreiches Wissen erlangen.

Erdbeeren

Im Juni ist Erdbeerzeit. Überall sind die kleinen leuchtend roten Früchte zu entdecken: auf dem Wochenmarkt, auf den Landstraßen, auf dem Feld und im eigenen Garten.

Wissenswertes über Erdbeeren

Die Erdbeere wird zwar als »Königin der Beeren« bezeichnet, ist aber keine Beere. Sie gehört zur Familie der Rosengewächse und zur Familie der Sammelnüsse. Die kleinen gelben Nüsse auf ihrer roten Haut sind nämlich die eigentlichen Früchte und nicht die roten Erdbeeren.

Die Erdbeere hat 360 Geschmacksaromen. Sie ist sehr gesund, denn sie hat einen höheren Vitamin C-Gehalt als Zitrusfrüchte sowie wertvolle Mineralstoffe wie Kalzium, Kalium, Phosphor und Eisen.

Seit dem Mittelalter wird die Erdbeere in Kübeln und auf Feldern angebaut. Das weltweit berühmteste Erdbeerfeld befindet sich in New York und hat die Form einer Träne. Es wurde von Yoko Ono zum Gedenken an ihren Mann John Lennon angelegt.

Erdbeerpflanzen unter der Lupe

- **Bildungsbereich:** Natur, Lebenswelt, Technik / Wahrnehmung und Bewegung
- **Alter:** ab 3 Jahre
- **Anzahl:** unbegrenzt
- **Ort:** draußen oder drinnen
- **Material:** Erdbeerpflanzen, Lupen oder andere Vergrößerungsgläser

Betrachten Sie mit den Kindern Erdbeerpflanzen unter der Lupe. Die Kinder erforschen die Pflanzen intensiv und tauschen ihre Erkenntnisse aus. Unterstützen Sie ihre Beobachtungen mit gezielten Fragen und notieren Sie alle Aussagen:

- Wie sehen die Pflanzen aus?
- Wie fühlen sich die Blätter, Blüten und Früchte an?
- Wie riechen die einzelnen Pflanzenteile?
- Woran ist eine Pflanze als Erdbeerpflanze zu erkennen?

Sommerfrucht Erdbeere

- **Bildungsbereich:** Natur, Lebenswelt, Technik / Wahrnehmung und Bewegung
- **Alter:** ab 3 Jahre
- **Anzahl:** unbegrenzt
- **Ort:** drinnen
- **Material:** Für jedes Kind 1 Erdbeere, 1 Lupe, 1 Messer, 1 Brettchen

Jedes Kind untersucht eine Erdbeere mit bloßem Auge und mit einer Lupe. Wie sieht die rote Frucht aus? Machen die Kinder Beobachtungen, die sie vorher nicht wahrgenommen hatten? Bestimmt erkennen sie die interessanten Strukturen, die winzigen Formen und kleinen Kerne.

Nun halbieren die Kinder ihre Erdbeeren längs und betrachten das Innere der Frucht. Auch der Blätterstumpf oder die Körnchen sollten einmal genau unter die Lupe genommen werden. Nach der ausgiebigen Untersuchung darf jedes Kind seine Erdbeere verspeisen.

21

Erdbeersorten unterscheiden lernen

- **Bildungsbereich:** Natur, Lebenswelt und Technik
- **Alter:** ab 5 Jahre
- **Anzahl:** unbegrenzt
- **Ort:** draußen oder drinnen
- **Material:** Spaliererdbeeren, Hängeerdbeeren, Sachbücher, Pflanzen-bestimmungsbücher, Internet

Gibt es nur eine Erdbeersorte oder mehrere? Wie unterscheiden sie sich? Stehen die Pflanzen immer in Reihen auf Feldern zusammen? Um das heraus zu finden, nutzen die Kinder verschiedene Informationsquellen. Sie recherchieren in Sachbüchern, vergleichen die Pflanzen in Bestimmungsbüchern, nehmen das Internet zu Hilfe und fragen die Eltern.

Besuchen Sie mit den Kindern auch eine Gärtnerei. Im Vorfeld sollten Sie unbedingt Kontakt zur Gärtnerei aufnehmen, um Ihren Besuch anzukündigen und Ihr Vorhaben zu besprechen! Bei einer Führung sollten die Kinder erfahren, dass Erdbeeren auf dem Balkon, im Beet und in Kübeln gezogen werden können, dass es Spalier- sowie Hängeerdbeeren gibt. Eine andere Erdbeersorte wächst auf kleinen Waldlichtungen sowie an den Waldwegen. Diese Wildbeere ist zwar deutlich kleiner als kultivierte Erdbeeren, aber wesentlich aromatischer. Suchen Sie gemeinsam mit den Kindern nach köstlichen Walderdbeeren. Achtung, Erdbeeren müssen vor dem Verzehr immer gründlich gewaschen werden!

Tipps

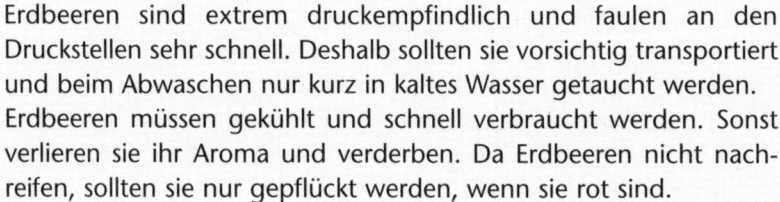

Erdbeeren sind extrem druckempfindlich und faulen an den Druckstellen sehr schnell. Deshalb sollten sie vorsichtig transportiert und beim Abwaschen nur kurz in kaltes Wasser getaucht werden. Erdbeeren müssen gekühlt und schnell verbraucht werden. Sonst verlieren sie ihr Aroma und verderben. Da Erdbeeren nicht nachreifen, sollten sie nur gepflückt werden, wenn sie rot sind.

Erdbeeren selbst pflücken

● **Bildungsbereich:** Natur, Lebenswelt, Technik / Sozial-emotionale Bildung
● **Alter:** ab 3 Jahre
● **Anzahl:** unbegrenzt
● **Ort:** draußen

Eine interessante Erfahrung und ein schönes Erlebnis für die Kinder ist es, wenn sie selbst Erdbeeren pflücken dürfen. Dabei machen sie vielfältige Erfahrungen. Beispielsweise erleben sie direkt vor Ort, wie Erdbeeren wachsen, wie die Pflanzen aussehen, wie sich die Blätter anfühlen und wie schwer oder leicht sich die Früchte von den Pflanzen lösen lassen.

Erdbeerbeet anlegen

● **Bildungsbereich:** Natur, Lebenswelt, Technik
● **Alter:** ab 3 Jahre
● **Anzahl:** unbegrenzt
● **Ort:** draußen
● **Material:** Erdbeerpflanzen, Spaten, Erde, Scheren

Legen Sie mit den Kindern im Juli ein kleines Erdbeerbeet an, damit sie die leckeren Früchtchen im kommenden Jahr genießen können. Der Abstand zwischen den einzelnen Pflanzen sollte mindestens 30 Zentimeter betragen. Da die Wurzeln winterfest sind, überstehen sie den Frost schadlos. Im Mai beginnen die Pflanzen zu blühen. Etwa drei Wochen nach der Blüte sind die ersten Erdbeeren reif und beginnt die etwa vierwöchige Erntezeit.

Beobachten und dokumentieren Sie mit den Kindern die Veränderung der Pflanzen. Wie entwickeln sich die kleinen »Nüsschen« aus den Fruchtblättern? Wie entsteht aus dem Blütenboden das Fruchtfleisch? Sehen die Kinder, ob an jeder Pflanze Blüten und Früchte wachsen? Oder gibt es an einigen Pflanzen nur Blüten und an anderen nur Früchte?

Suchen Sie mit den Kindern bis Mitte September nach Seitensprossen an den Erdbeerpflanzen. An diesen so genannten Ausläufern bilden sich kleine Tochterpflanzen. Trennen Sie die gesündesten und kräftigsten Ausläufer mit einer sauberen Schere von der Mutterpflanze ab und pflanzen Sie diese ein. Nach spätestens vier Jahren sollten Sie das Erdbeerbeet neu bepflanzen.

Willkommen in der Hexenschule!

Im Garten, auf der Wiese, im Wald sowie am Wegesrand wachsen viele Wildkräuter. Viele der Kräuter sind essbar und haben eine heilsame Wirkung. In der Rolle kleiner Hexenschüler macht den Kindern der Einstieg in die Kräuterkunde bestimmt viel Spaß. Zu Beginn erforschen sie zunächst die weit verbreiteten Heilkräuter Kamille und Brennnessel. Ergänzend können sie später auch Wegerich, Beinwell, Johanniskraut oder Liebstöckel eingehender betrachten.

Aufnahme in die Schule der Kräuterhexen

- **Bildungsbereich:** Sozial-emotionale Bildung
- **Alter:** ab 3 Jahre
- **Anzahl:** unbegrenzt
- **Ort:** draußen oder drinnen
- **Material:** Hexenverkleidung, Naturmaterialien, Lederbänder,

Verkleiden Sie sich als Hexe und stellen Sie sich den Kindern als Oberhexe einer berühmten Hexenschule vor. Erklären Sie ihnen, dass Hexen sich sehr gut mit Kräutern auskennen. In der Hexenschule lernen sie, welche Kräuter wie wirken und wie aus den verschiedenen Pflanzen heilsame Mixturen hergestellt werden. Nach dieser Einführung möchten die Kinder bestimmt auch gerne in Ihre Hexenschule aufgenommen werden! Legen Sie Ihren neuen Hexenschülern beim Aufnahmeritual ein magisches Amulett aus Naturmaterialien um den Hals. Mit diesem Erkennungszeichen schlüpfen die Kinder in ihre neue Rolle und erfüllen die verschiedenen Aufgaben bestimmt voller Begeisterung.

Kräuter- und Heilpflanzenausstellung

- **Bildungsbereich:** Ästhetisch-kreative Bildung
- **Alter:** ab 6 Jahre
- **Anzahl:** unbegrenzt
- **Ort:** drinnen
- **Material:** Gläser, Vasen, Klebetiketten, Schilder, Stifte, Tücher , Pflanzenführer, Lupen, Scheren, Behälter, Taschen

Ausgestattet mit Amuletten, Pflanzenführern, Lupen, Scheren, Behältern und Taschen machen sich die Hexenschüler mit Ihnen auf den Weg zu ihren ersten Erkundungsgängen, um ein paar frische Kräuter und Heilpflanzen zu sammeln. Zurück in der Hexenschule stellen sie diese in Gläser oder Vasen. Mit Ihrer Hilfe beschriften sie die Behältnisse und schreiben einige Stichworte zu den jeweiligen Heilwirkungen dazu. Schön dekoriert wird die Kräuter- und Heilpflanzenausstellung bestimmt viele Eltern zum Verweilen und Betrachten einladen.

Kräuterspirale anlegen

- **Bildungsbereich:** Natur, Lebenswelt, Technik / Ästhetisch-kreative Bildung / Wahrnehmung und Bewegung
- **Alter:** ab 3 Jahre
- **Anzahl:** unbegrenzt
- **Ort:** draußen
- **Material:** Kräuterpflanzen, Steine, Erde, lehmige Erde, Wasser, Sand, Kies, Schaufeln, Spaten

Bringen Sie Ihren Hexenschülern die heimischen Kräuter näher und legen Sie gemeinsam eine Kräuterspirale an. Diese Art der Anpflanzung vermittelt auf wenig Raum praktisches Wissen zur Verwendung der Pflanzen als auch sinnliche Erfahrungen. Bei der Pflege ihrer Kräuter sehen, fühlen, riechen und schmecken die Kinder ihre Pflanzen immer wieder neu.

Für das Fundament der Kräuterspirale verwenden die Kinder größere Steine, die sie schneckenförmig nach oben aufbauen. Diese Steine bilden die äußere Form. Sie geben dem Hügel Halt. Außerdem lassen sie überflüssige

25

Feuchtigkeit schnell abziehen. Den Innenbereich füllen die Kinder mit Erde. Auf der Sonnenseite mischen sie der Erde etwas Kies und Sand bei. Für die Schattenseite wählen sie lehmigen Boden:
- Unterer Feuchtbereich mit Miniteich: humusreiche Erde, Pfefferminze, Kerbel, Brunnenkresse, Sauerampfer, Waldmeister, Löffelkraut
- Mittlerer Bereich: durchlässige humusreiche Erde, Zitronenmelisse, Schnittlauch, Bohnenkraut, Dill, Pimpinelle, Liebstöckel
- Oberer Trockenbereich: sandige Erde, Thymian, Salbei, Ysop, Rosmarin, Estragon, Majoran, Essigkraut

Warum brennt die Brennnessel?

Zum Schutz vor natürlichen Feinden ist die Brennnessel mit kleinen Härchen ausgestattet. Die feineren Härchen brennen zwar nicht, sie sollen aber die Insekten von der Pflanze fern halten. Den brennenden Schmerz bewirken die größeren Härchen. Bei der kleinsten Berührung bricht das vordere Ende des Brennnesselhaares ab und dringt mit seiner scharfe Spitze in die Haut des Feindes ein. So gelangt der brennende Pflanzensaft in die Haut und lässt juckende Quaddeln entstehen, die glücklicherweise nur von kurzer Dauer sind.

Brennnesseln unter der Lupe

- **Bildungsbereich:** Natur, Lebenswelt, Technik
- **Alter:** ab 5 Jahre
- **Anzahl:** unbegrenzt
- **Ort:** draußen
- **Material:** Lupen, Behälter, Gummihandschuhe, langärmlige T-Shirts

Bestimmt kennen die Kräuterhexenschüler die brennenden Eigenschaften der Brennnessel. Doch warum brennen Brennnesseln? Um dieser Frage nachzugehen, nehmen die Kinder die Pflanze unter die Lupe. Zu ihrem eigenen Schutz ziehen sie Gummihandschuhe und ein langärmeliges T-Shirt an. Dann gehen sie mit ihren Lupen zu einem Brennnesselbusch. Entdecken sie die unzähligen Härchen auf der Pflanze? Sehen alle Härchen gleich aus? Wie unterscheiden sie sich? Welche Funktion haben die Härchen?

Fragen Sie ihre Hexenschüler nach dieser Annäherung, ob sie die Heil-wirkung der Brennnessel kennen? Erzählen Sie von ihrer heilenden Wirkung bei Rheumatismus, Gicht, Blasen- und Nierenleiden sowie bei Kopfjucken und Haarausfall. Brennnesseln werden als Tee getrunken, Salaten, Nudeln, Gebäck und Käse beigemischt sowie als Tinktur auf die Haut aufgetragen.

Kamille – kleine Pflanze mit großer Wirkung

Eine der beliebtesten und am weitesten verbreiteten Heilpflanze in Europa ist die Kamille. Bei zahlreichen Beschwerden hilft sie mit ihrer krampfstillenden, entzündungshemmenden, beruhigenden, trocknenden, entblähenden und wundheilenden Wirkung.

Da die wild wachsende Kamille bevorzugt in der Nähe von Getrei-defeldern gedeiht, wird sie dort meist als so genanntes Unkraut ver-nichtet. Heute wird die Kamille von spezialisierten Gärtnereien angebaut und zur Weiterverarbeitung verkauft.

Kamilleblüten sammeln

- **Bildungsbereich:** Natur, Lebenswelt, Technik
- **Alter:** ab 5 Jahre
- **Anzahl:** unbegrenzt
- **Ort:** draußen
- **Material:** Pflanzenbestimmungsbücher, Sachbücher, Internet, Scheren, Behälter, Taschen

Alle Hexenschüler haben schon einmal Kamillentee getrunken. Aber wissen sie auch, wann und warum sie ihn trinken sollten? Können sie erklären, wo

die Kamille wächst und wie sie aussieht? Wissen die Hexenschüler, dass die Blüten zwischen Mai und August geerntet werden sollten? Um ihre Aussagen zu überprüfen, recherchieren sie in Bestimmungsbüchern, in Sachbüchern und im Internet.

Nach dieser Einführung suchen die Hexenschüler auf brachliegenden Feldern und Feldwegen nach Kamille. Haben sie die Pflanzen entdeckt, riechen sie zunächst daran. Der typische Geruch dürfte ihnen bekannt sein. Anschließend pflücken sie die Blüten, um sie später in der Einrichtung zum Trocknen auszulegen. Die getrockneten Blüten werden in sauberen Gläsern aufbewahrt und später als Tee zubereitet.

Naturerlebnisse im Außengelände

Vielleicht haben die Kinder im Frühjahr eigene Pflanzen für das Außengelände gezogen und deren Entwicklung beobachtet. Im Sommer können sie nun die Blütenvielfalt erleben und das Außengelände noch attraktiver gestalten. Eventuell helfen auch die Eltern mit, um einzelne Orte in kleine Spielparadiese zu verwandeln.

Das besondere Trampolin

- **Bildungsbereich:** Wahrnehmung und Bewegung
- **Alter:** ab 3 Jahre
- **Anzahl:** unbegrenzt
- **Ort:** draußen
- **Material:** Strauchschnitt, Spaten, Schaufeln, Schubkarren, Zollstock

Graben Sie mit den Kindern eine 50 bis 100 Zentimeter tiefe Grube, die etwa 150 x 100 Zentimeter groß ist. Gefüllt wird die Grube mit dornenlosem Strauchschnitt. Achten Sie darauf, dass die dicken Zweige als Erstes in die Grube gelegt werden. Die dünnen Äste kommen als weiche Polsterung darüber und sollten deutlich länger als die dicken Zweige am

Boden sein. Diese Aufschichtung bietet eine gute Federung für die Sprünge. Außerdem kann alter Strauchschnitt leicht entnommen und durch frischen erneuert werden.

Ein »Wilder Ort« fürs ganze Jahr

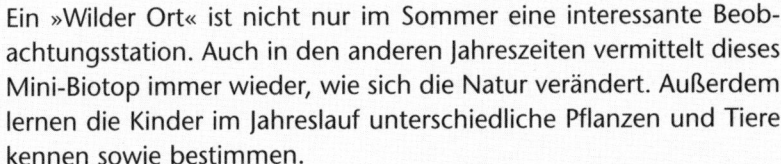

Ein »Wilder Ort« ist nicht nur im Sommer eine interessante Beobachtungsstation. Auch in den anderen Jahreszeiten vermittelt dieses Mini-Biotop immer wieder, wie sich die Natur verändert. Außerdem lernen die Kinder im Jahreslauf unterschiedliche Pflanzen und Tiere kennen sowie bestimmen.

Wilde Orte

- **Bildungsbereich:** Natur, Lebenswelt, Technik / Wahrnehmung und Bewegung
- **Alter:** ab 3 Jahre
- **Anzahl:** unbegrenzt
- **Ort:** draußen
- **Material:** Wildkräuterpflanzen, Schaufeln, Erde, Steine, Laub, Strauchschnitt

Legen Sie in Ihrem Außenbereich in ein kleines Biotop an, das sich selbst überlassen bleibt. Dieser »wilde Ort« bietet den Kindern vielfältige Beobachtungs- und Erfahrungsmöglichkeiten. Damit dieses Biotop schnell heranwächst, pflanzen Sie mit den Kindern heimische Kräuter wie Kamille, Johanniskraut und Schafgarbe an. Nach einiger Zeit werden dort Gänseblümchen, Löwenzahn, Brennnesseln und viele weitere Wildkräuter wachsen. Schon bald wird dieses Biotop Insekten jeglicher Art anlocken. Noch vielfältiger wird der »Wilde Ort«, wenn die Kinder direkt neben den Anpflanzungen einen Stein-, Laub- oder Totholzhaufen anlegen. Vielleicht kommen dann auch Igel, Blindschleichen oder Eidechsen zu Besuch.

Entwicklungsstand der Baumfrüchte

- **Bildungsbereich:** Natur, Lebenswelt, Technik / Wahrnehmung und Bewegung
- **Alter:** ab 3 Jahre
- **Anzahl:** unbegrenzt
- **Ort:** draußen und drinnen
- **Material:** Lineal, Zettel, Stifte, Messer, kleine Teller, Ordner

Im Sommer wachsen aus den Frühjahrsblüten kleine Früchte heran, die im Herbst geerntet werden. Bei regelmäßigen Erkundungsgängen zu den Bäumen ihrer Umgebung können die Kinder den jeweiligen Wachstumsstand der Baumfrüchte beobachten und miterleben. Am besten halten sie ihre Erkenntnisse bildhaft nach jeder Beobachtungstour fest. Wie verändern sich die Bäume im Früh-, im Hoch- und im Spätsommer? Können die Kinder schon im Frühsommer einen Apfel-, Birnen- oder einen Kastanienbaum eindeutig bestimmen? Welcher Baum hat welche typischen Erkennungszeichen?

Damit die Kinder die Früchte genauer untersuchen können, pflücken Sie von jedem Baum eine Frucht. Wie fühlen sich die Früchte an? Wie riechen sie? Wie sehen sie von innen aus? Finden die Kinder in der hellgrünen Kastanienhülle schon eine braune Kastanie? Hat der kleine Apfel schon ein Kerngehäuse? Die Kinder dokumentieren ihre Beobachtungen mit einer Skizze und heften diese in einem speziellen Ordner ab. So können sie anhand ihrer Aufzeichnungen bei späteren Erkundungstouren überprüfen, wie sich die Früchte verändert haben.

Rote Sommernaschereien

- **Bildungsbereich:** Natur, Lebenswelt, Technik / Wahrnehmung und Bewegung
- **Alter:** ab 3 Jahre
- **Anzahl:** unbegrenzt
- **Ort:** draußen
- **Material:** Johannisbeer-, Himbeer- und Brombeersträucher, Kirschbäume, Leiter, kleine Körbe

Wenn auf Ihrem Außengelände Johannisbeeren, Himbeeren, Brombeeren, Erdbeeren oder Kirschen angepflanzt sind, können die Kinder diese im Sommer mit allen Sinnen genießen. Vor dem Pflücken der Sommerfrüchte untersuchen sie genau, wie die Pflanzen aussehen, an denen sie wachsen. Welche Sträucher haben Stacheln oder Dornen? Was ist beim Pflücken von Kirschen zu beachten? Wachsen in Ihrem Garten noch keine Obstsorten heran, obwohl Sie ausreichend Platz hätten, könnten Sie mit den Kindern eine kleine stachellose Naschsorte anpflanzen. Dann kann der Mundschmaus im nächsten Jahr losgehen.

Kirschkernweitspucken

- **Bildungsbereich:** Wahrnehmung und Bewegung
- **Alter:** ab 3 Jahre
- **Anzahl:** unbegrenzt
- **Ort:** draußen
- **Material:** Kirschen, langes Maßband

Kirschen schmecken nicht nur lecker, sondern laden auch zum Kirschkernweitspucken ein. Für Kinder ist dieses Spiel immer wieder etwas Besonderes, denn endlich dürfen sie richtig weit spucken und sich dabei messen. Wer spuckt seinen Kern am weitesten? Suchen Sie einen freien Platz. Markieren Sie dort eine Startlinie und legen Sie ein langes Maßband aus. Die Kinder stellen sich in einer Reihe an der Startlinie auf. Das Kind, das seinen Kern am weitesten spucken kann, hat diesen sommerlichen Wettkampf gewonnen.

Sommersonne, Sommerregen,
Sommergewitter

In unseren Breitengraden herrscht in den Sommermonaten ein warmes bis heißes Klima. Aber auch kräftige Regenschauer und kühlere Temperaturen sind ebenso möglich wie starke Sommergewitter und längere Trocken-perioden. Besonders Kinder genießen die warmen Temperaturen bei Son-nenschein, Wind und Regen. Im Sommer verbringen sie ihre Freizeit am liebsten bei jedem Wetter im Freien.

Gut geschützt in die Sonne

Viele Kinder verbinden mit der Sonne vor allem Wärme und Helligkeit, luftige Kleidung sowie Spiel und Spaß im Freien. Obwohl sie meist um deren gesundheitlichen Gefahren wissen, empfinden sie Sonnenstrahlen nur selten als Bedrohung. Dies zeigen ihre Bilder deutlich. Oftmals malen Kinder am oberen Bildrand eine freundlich lachende Sonne. Umso wichtiger ist es, dass sie spielerisch einüben, sich richtig vor intensiver Sonnenstrahlung zu schützen. Wer diese Verhaltensregeln früh erlernt und verinnerlicht, wird sie wahrscheinlich ein Leben lang befolgen.

Hurra, die Sonne scheint!

- **Bildungsbereich:** Sprachliche Bildung
- **Alter:** ab 6 Jahre
- **Anzahl:** unbegrenzt
- **Ort:** drinnen
- **Material:** gelber Tonkarton, Stifte, transparentes Klebeband

Basteln Sie aus gelbem Tonkarton eine große Sonne und mehrere Sonnenstrahlen. Kleben Sie die Sonne gut sichtbar auf ein Plakat und bilden Sie darum mit allen Kindern einen Gesprächskreis. Reihum sagt jedes Kind, warum es die Sonne mag und was es bei Sonnenschein am liebsten macht. Schreiben Sie jede Aussage auf je einen Sonnenstrahl und kleben Sie diesen auf das Sonnenplakat. Auf diese Weise entsteht ein informatives Schaubild. Wenn Sie dies im Eingangsbereich aufhängen, können interessierte Eltern es ansehen und einen weiteren Sonnenstrahl dazukleben.

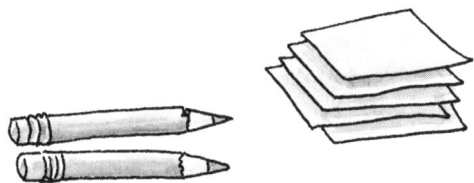

Sonnenschutz

- **Bildungsbereich:** Natur, Lebenswelt, Technik
- **Alter:** ab 5 Jahre
- **Anzahl:** unbegrenzt
- **Ort:** drinnen und draußen
- **Material:** Sonnencreme, Sonnenhüte, Sonnenbrillen, Sonnenbekleidung, Sonnenöl, Sonnenschirm

Geben Sie den Kindern die Aufgabe, möglichst viele Hilfsmittel für ihren Sonnenschutz von zu Hause mitzubringen. Auch in der Einrichtung dürfen sie nach geeigneten Dingen suchen. Alle Gegenstände werden auf einem Ausstellungstisch platziert, der einige Tage besichtigt werden kann. Sind alle Sachen zusammengetragen, erklären die Kinder, weshalb sie die Dinge mitgebracht haben und wie diese vor der Sonne schützen.

Sonnenplakat

- **Bildungsbereich:** Sprachliche Bildung / Ästhetisch-kreative Bildung
- **Alter:** ab 5 Jahre
- **Anzahl:** unbegrenzt
- **Ort:** drinnen
- **Material:** großes Plakat, 2 gelbe Papierkreise, Karteikarten, transparentes Klebeband, Stifte

Erstellen Sie mit den Kindern ein großes Plakat, das in zwei Spalten unterteilt wird: Legen Sie eine Rubrik für die positiven Faktoren an und kennzeichnen Sie diese mit einem lachendem Sonnengesicht. Die zweite Rubrik stellt die negativen Faktoren dar und erhält ein ernstes Sonnengesicht. Zu jeder Frage malen oder schreiben die Kinder ihre Antworten auf kleine Kärtchen:

- Was unternehmt ihr, wenn die Sonne scheint?
- Was könnt ihr nur im Sommer machen?
- Was passiert, wenn ihr eure Haut nicht vor der Sonne schützt?
- Wie fühlt ihr euch, wenn ihr ohne Kopfbedeckung in der Sonne spielt?

Die fertigen Antwortkarten kleben die Kinder in der richtigen Rubrik auf das Plakat. Betrachten Sie das Plakat anschließend gemeinsam und diskutieren Sie mit den Kindern die Aussagen. Sind alle Kinder der gleichen Meinung? Haben sie ähnliche oder andere Erfahrungen gemacht?

Was wäre, wenn ...

- **Bildungsbereich:** Sprachliche Bildung
- **Alter:** ab 6 Jahre
- **Anzahl:** unbegrenzt
- **Ort:** drinnen
- **Material:** Papier, Stifte, Notizblock, Einstimmungsgeschichte

Begeben Sie sich mit den Kindern auf eine offene Fantasiereise. Wer mag, darf seine Gedanken mitmalen. Den Beginn der Reise geben Sie mit ein paar Sätzen vor:

Stellt euch vor, es ist ein sonniger und warmer Sommertag. Ihr habt Ferien und seid im Freibad, auf dem Spielplatz oder beim Fahrradfahren. Plötzlich verschwindet die Sonne. Sie ist einfach weg. Was macht ihr nun? Könnt ihr euch einen Sommertag ohne Sonne vorstellen? Was wäre, wenn die Sonne die ganzen restlichen Sommerferien nicht mehr wiederkommen würde?

Wahrscheinlich brauchen die Kinder ein wenig Zeit, bis sie sich auf die Fantasiereise einlassen und den weiteren Verlauf mitgestalten können. Ermuntern Sie ruhigere Kinder mit gezielten Fragen, sich am Gespräch zu beteiligen und in die Fantasieebene einzutauchen. Schreiben Sie die Aussagen der Kinder mit. Möglicherweise ergeben sich für Ihre pädagogische Arbeit neue Anknüpfungspunkte, die Sie aufgreifen können.

Brennende Sommerhitze

- **Bildungsbereich:** Natur, Lebenswelt, Technik
- **Alter:** ab 5 Jahre
- **Anzahl:** Kleingruppe bis 4 Kinder
- **Ort:** draußen
- **Material:** Lupen, Aluschalen, Papier, frische Blätter, getrocknete Blätter und Gräser, Sand, Wasser

Wissen die Kinder, dass Sonnenstrahlen ein Feuer entzünden können? Mit einem kleinen Experiment lässt sich dieses Naturphänomen verdeutlichen. Stellen Sie mehrere kleine Aluschalen auf. In eine Schale legen Sie ein Blatt Papier, in weitere Schalen jeweils trockene Gräser oder frische Laubblätter. Stellen Sie ausreichend Wasser und Sand zum Löschen der Flammen bereit. Nun halten die Kinder eine Lupe so in die Sonne, dass diese die Sonnenstrahlen bündelt und einen hellen Fleck auf das Brennmaterial wirft. Nach einiger Zeit beginnt das Material zu qualmen und geht schließlich in lodernden Flammen auf. Können sich die Kinder nun vorstellen, warum das Feuermachen im freien Gelände während der Sommerzeit streng verboten ist? Was können sie tun, um ein selbst entzündendes Feuer zu verhindern?

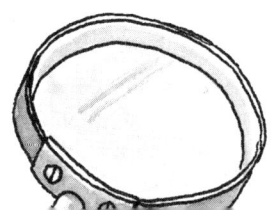

Verhaltensregeln für den Sonnenschutz

- **Bildungsbereich:** Sprachliche Bildung / Ästhetisch-kreative Bildung
- **Alter:** ab 6 Jahre
- **Anzahl:** unbegrenzt
- **Ort:** drinnen
- **Material:** Papier, Stifte, Notizblock, Tonpapier

Damit sich die Kinder vor Sonnenstrahlen schützen lernen, sollten sie schon früh über deren Gefahren Bescheid wissen. Lassen Sie die Kinder von ihren Erfahrungen erzählen und notieren Sie alle Aussagen auf einem Plakat. Bestimmt haben einige Kinder schon einmal einen Sonnenbrand gehabt und können davon berichten.

Doch was ist ein Sonnenbrand überhaupt? Was geschieht mit der Haut? Sie rötet sich, juckt, brennt und ist schmerzempfindlich, ehe sich die verbrannten Hautschichten schließlich abpellen. Aber wissen die Kinder auch, wie sie sich vor einem Sonnenbrand schützen können? Wie sollten sie sich verhalten, um ihren Aufenthalt in der Sonne sorglos genießen zu können?

Vereinbaren Sie gemeinsam mit den Kindern die wichtigsten Verhaltensregeln und notieren Sie diese ebenfalls auf dem Plakat:

- Kopfbedeckung tragen.
- Die Haut mit luftiger Kleidung bedecken.
- Direkte Sonne und die Mittagssonne meiden.
- Schattenplätze suchen.
- Sonnenmilch mit hohem Lichtschutzfaktor nutzen.
- Mehrmals täglich die Haut mit Sonnenmilch eincremen.

Sind auf dem Plakat alle Informationen zusammengetragen, hängen Sie es gut sichtbar im Raum auf.

Schattenplätze

- **Bildungsbereich:** Wahrnehmung und Bewegung
- **Alter:** ab 3 Jahre
- **Anzahl:** unbegrenzt
- **Ort:** draußen
- **Material:** Tücher, Leinen, Wäscheklammern, Schirmständer, Schirme

Erkunden Sie mit den Kindern die Schattenplätze auf ihrem Gelände. Suchen Sie diese gemeinsam zu verschiedenen Tageszeiten auf. Sind die Lieblingsorte der Kinder auch dabei? Vielleicht ist es dort in den Sommermonaten sehr heiß und sonnig. Was könnten die Kinder tun, um diese Orte schattiger zu machen? Möglicherweise nennen sie Hilfsmittel wie Sonnenschirme oder Tücher. Stellen Sie den Kindern diese zur Verfügung und gestalten Sie gemeinsam schattige Plätzchen, die zum Spielen einladen.

Sonnenschutzmittel im Test

- **Bildungsbereich:** Natur, Lebenswelt, Technik
- **Alter:** ab 4 Jahre
- **Anzahl:** unbegrenzt
- **Ort:** drinnen
- **Material:** verschiedene Sonnenschutzmittel

In manchen Einrichtungen ist es üblich, dass jedes Kind seine eigene Sonnencreme in seinem Fach aufbewahrt. Stellen Sie alle Sonnenschutzmittel so auf einen Tisch, dass die Kinder die verschiedenen Cremes gut betrachten können. Wahrscheinlich werden sie zuerst das unterschiedliche Aussehen der Behältnisse bemerken. Um weitere Unterschiede herauszufinden, machen die Kinder genaue Tests:

- Haben alle Cremes die gleiche Farbe?
- Welche Sonnencreme riecht am besten, gar nicht oder unangenehm?
- Sind die Cremes dick- oder dünnflüssig?
- Welche Cremes lassen sich gut in die Haut einreiben, welche nicht?
- Was ist ein Lichtschutzfaktor?
- Wie erkennen die Kinder den Lichtschutzfaktor ihrer Sonnencreme?

Wenn ich in die Sonne gehe, brauche ich ...

● **Bildungsbereich:** Sprachliche Bildung
● **Alter:** ab 5 Jahre
● **Anzahl:** unbegrenzt
● **Ort:** drinnen oder draußen

Spielen Sie mit den Kindern eine Variation des bekannten Sprachspiels »Koffer packen«. Die Kinder sitzen im Kreis zusammen und zählen reihum auf, was sie alles mitnehmen, um sich vor der Sonne zu schützen. Beginnen Sie das Spiel mit dem Satz: »Wenn ich in die Sonne gehe, brauche ich einen Sonnenhut!« Das nächste Kind wiederholt diesen Satz und fügt einen weiteren Gegenstand hinzu. So kommen nach und nach immer mehr Sonnenschutzmittel zusammen. Falls ein Kind nicht weiter weiß, dürfen die anderen selbstverständlich helfen.

Heute wird es heiß!

Lufttemperaturen erforschen

● **Bildungsbereich:** Natur, Lebenswelt, Technik
● **Alter:** ab 6 Jahre
● **Anzahl:** unbegrenzt
● **Ort:** drinnen und draußen
● **Material:** Thermometer für die Luft, Wasserthermometer, Plakat, Stifte, Schale, Wasser

Nutzen Sie eine mehrtägige Schönwetterperiode zur Dokumentation hoher Temperaturen. Die Kinder hängen ein Thermometer auf und messen täglich um die gleiche Zeit die Tagestemperatur. Die Ergebnisse dokumentieren sie mit einem roten Balken in einem Diagramm. Mit diesem Schaubild wird sichtbar, welcher Tag am heißesten war. Damit die Kinder diese Temperatur nachempfinden können, machen sie den Vergleich mit erwärmtem Wasser.

Nacheinander halten sie einen kleinen Finger in das Wasser. Empfinden sie es als angenehm oder ist es ihnen zu heiß? Kommt den Kindern die Temperatur der Luft ebenso warm vor?

Temperaturen in den Urlaubsländern

- **Bildungsbereich:** Natur, Lebenswelt, Technik
- **Alter:** ab 6 Jahre
- **Anzahl:** unbegrenzt
- **Ort:** drinnen
- **Material:** Plakat, Stifte, Weltkarte, Internet, Stecknadeln mit Fähnchen

Hängen Sie eine kindgerechte Weltkarte auf. In einer Gesprächsrunde erzählen die Kinder, in welche Länder sie gerne verreisen würden. Markieren Sie die genannten Länder mit kleinen Fähnchen, auf denen die Namen der Kinder stehen. Fragen Sie als Nächstes, wie heiß es in diesen Ländern im Sommer ist? Suchen Sie mit den Kindern im Internet nach den Sommertemperaturen in den Ländern und dokumentieren Sie diese Werte auf einem großen Plakat. Stellen Sie die Werte zur besseren Veranschaulichung als Säulendiagramm dar. Gemeinsam begutachten die Kinder ihr Schaubild. Wo ist es am wärmsten? Kennzeichnen Sie das Land mit einer roten Fahne.

So funktioniert ein Thermometer

- **Bildungsbereich:** Natur, Lebenswelt, Technik / Sprachliche Bildung
- **Alter:** ab 5 Jahre
- **Anzahl:** unbegrenzt
- **Ort:** drinnen
- **Material:** Handbohrer, für jedes Kind 1 transparente Flasche mit dünnem Hals, passendem Korken und durchsichtigem Strohhalm

Wissen die Kinder, wie ein Thermometer funktioniert? Nach einem Gedankenaustausch erfahren sie durch eigenes Tun, weshalb die Anzeige des Thermometers steigt und sinkt. Sie färben kaltes Wasser und füllen es in ihre Flaschen. Anschließend durchbohren sie die Korken der Länge nach,

41

verschließen damit die Flaschen und stecken einen Strohhalm hinein. Wichtig ist, dass die Strohhalme ins Wasser eintauchen. Nun dürfen die Kinder ihre Thermometer ausprobieren. Sie umfassen die Flaschen mit beiden Händen. Durch die Erwärmung dehnt sich die Luft aus und drückt gegen die Wasseroberfläche. Die Kinder beobachten, wie das Wasser im Strohhalm aufsteigt. So funktioniert ein Thermometer!

Siebenschläfer im Sommer

Nach dem alten Bauernkalender wird der 27. Juni als Siebenschläfertag gefeiert. Als »Lostag« bestimmt er das Wetter der kommenden sieben Wochen. Ist das Wetter am Siebenschläfertag sonnig und warm, so bleibt es in den kommenden sieben Wochen ebenso. Nach neueren Erkenntnissen wäre der Siebenschläfertag jedoch erst am 7. Juli. Grund für diese Verschiebung ist die Gregorianische Kalenderreform im Jahre 1582, bei der zehn Tage ersatzlos gestrichen wurden.

Legende vom Siebenschläfer

Der Siebenschläfertag verdankt seinen Namen nicht dem gleichnamigen Nagetier, sondern einer alten Legende aus der Zeit der Christenverfolgungen. Um sich vor dem römischen Kaiser Decius zu verstecken, suchten die sieben Brüder Johannes, Serapion, Martinianus, Dionysius, Constantinus, Maximus und Malchus Zuflucht in einer Höhle bei Ephesus. Dort fielen sie in einen tiefen Schlaf und erwachten erst nach 200 Jahren, als die Höhle am 27. Juni 446 entdeckt wurde. Doch schon wenig später verstarben die sieben Brüder.

Siebenschläfer Regen,
sieben Wochen Regen!

Ist der Siebenschläfer nass,
regnet's ohne Unterlass!

Regnet's am Siebenschläfertag,
es sieben Wochen regnen mag.

Der Siebenschläfertag und das Wetter

- **Bildungsbereich:** Natur, Lebenswelt, Technik
- **Alter:** ab 5 Jahre
- **Anzahl:** unbegrenzt
- **Ort:** drinnen und draußen
- **Material:** Lexika, Internet, Blätter, Stifte, Lineal, Pappe

Erzählen Sie den Kindern die Legende von den Siebenschläfern und erklären Sie anschließend die Bedeutung dieses Tages im Bauernkalender. Erforschen Sie gemeinsam, ob diese Bauernregel zutrifft. Um jeden Zweifel auszuschließen, führen die Kinder zwei Untersuchungsreihen durch. Eine Untersuchung beginnt am 27. Juni und die zweite am 7. Juli. Beide Untersuchungen dauern genau sieben Wochen. Zur Dokumentation ihrer Wetterbeobachtungen bereiten die Kinder zwei Kalender vor, in denen sie ihre Ergebnisse mit Symbolen und schriftlichen Notizen festhalten. Nach Abschluss der zweiten Beobachtungsreihe werden die Kalender gemeinsam betrachtet und verglichen. Stimmt die Bauernregel vom Siebenschläfertag?

Sommerzeit, Gewitterzeit

Strömt die Luft aus den feuchtwarmen Mittelmeergebieten nach Deutschland, bringt sie oftmals die typischen Sommergewitter mit sich. Dunkle Wolken, prasselnder Regen, dröhnende Hagelschauer, grelle Blitze und lautes Donnern lösen bei manchen Kindern große Ängste aus. Greifen Sie die Befürchtungen der Kinder auf und zeigen Sie ihnen, wie sie sich bei einem Gewitter richtig verhalten.

Gewitterplakat

- **Bildungsbereich:** Natur, Lebenswelt, Technik / Sprachliche Bildung
- **Alter:** ab 3 Jahre
- **Anzahl:** unbegrenzt
- **Ort:** drinnen
- **Material:** Plakat, Stifte

Fragen Sie die Kinder nach ihren Erlebnissen und Erfahrungen mit Gewittern. Auf diese Weise erhalten Sie ein Stimmungsbild, um darauf aufbauend gemeinsame Verhaltensregeln abzuleiten. Für jede Regel malen die Kinder ein kleines Bild: eine Zuflucht aufsuchen, nicht im oder am Wasser aufhalten, keine Eisengegenstände berühren. Erklären Sie zu jeder Regel, was bei Nichteinhaltung geschehen könnte.

Klanggewitter

- **Bildungsbereich:** Wahrnehmung und Bewegung
- **Alter:** ab 3 Jahre
- **Anzahl:** unbegrenzt
- **Ort:** drinnen
- **Material:** Gong, Rassel, Regenmacher, Trommel, Wellblech, Alufolie

Gehen Sie mit den Kindern an einen sicheren und geschützten Ort, um gemeinsam ein Gewitter zu beobachten. So können auch ängstliche Kinder das imposante Naturspektakel beruhigt verfolgen. Lassen Sie ihnen ausreichend Zeit, um ihre Eindrücke zu verarbeiten. Fordern Sie die Kinder erst danach auf, gezielt nach Geräuschen zu suchen, um ein Gewitter klanglich darzustellen. Sie experimentieren mit Instrumenten oder Gegenständen, bis sie damit die passenden Gewittergeräusche nachmachen können:

- – Donner: auf eine Trommel schlagen
- – Donnergrollen: mit Alufolie rascheln, ein Wellblech schwingen
- – Blitz: den Gong schlagen
- – Wind: Pfeifgeräusche mit dem Mund machen
- – Leichterer Regen: Regenmacher schütteln
- – Starker Regen: Rasseln schwenken
- – Hagel: mit den Fingerspitzen auf eine Trommel tippen

Überlegen Sie gemeinsam, in welcher Reihenfolge die einzelnen Geräusche eingesetzt werden müssen. Haben die Kinder Spaß an diesem Angebot, denken sie sich eine Gewittergeschichte aus und setzen diese mit Geräuschen um.

Den Sommer mit allen Sinnen erleben

Erleben Sie die reichhaltige Auswahl der Sinnesangebote, die der Sommer zu bieten hat. Führen Sie die Kinder in die Natur und zeigen Sie ihnen das satte Grün der Pflanzen oder lauschen Sie mit ihnen den unterschiedlichen typischen Sommergeräuschen. Das Genießen der wärmenden Sonnenstrahlen auf der Haut gehört als Sinneserlebnis genauso dazu wie das Spüren und Riechen eines Sommerregens.

Wir sehen den Sommer

Der Sommer ist eine farbenprächtige Jahreszeit. Auf den Wiesen, an den Wegesrändern und in den Gärten stehen bunte Blumen in voller Blüte. Die Bäume tragen ein dichtes Laubkleid. Die Menschen sind farbenfroh gekleidet und freuen sich am Sommer.

So sieht der Sommer aus!

- **Bildungsbereich:** Bewegung und Wahrnehmung
- **Alter:** ab 5 Jahre
- **Anzahl:** unbegrenzt
- **Ort:** draußen
- **Material:** Stifte, Papier, Tonkarton, Klebstoff, Fotoapparat (Digitalkamera), Farbdrucker

Fragen Sie die Kinder, was es nur im Sommer zu sehen gibt. Nach kurzer Überlegungszeit werden sie bestimmt typische Dinge nennen, z. B. dichtes Blattwerk an Bäumen und Büschen, leicht bekleidete Menschen, gelbe Weizenfelder, spielende Kinder im Freibad, schwimmende Kinder im Badesee, winkende Menschen in Cabriolets, lange Warteschlangen vor der Eisdiele und vieles mehr. Notieren Sie alle Aussagen, denn diese brauchen die Kinder für ihre anschließende Fotoexkursion. Ausgestattet mit diesen Notizen und einer Digitalkamera machen sie sich nun gemeinsam auf den Weg, um ihre Eindrücke zu fotografieren. Später werden die Fotos ausgedruckt und auf ein großes Plakat geklebt. Der Titel dieser bunten Sommercollage könnte lauten: »So sieht der Sommer aus«. Zum Schluss hängen Sie das fertige Plakat gut sichtbar auf, so dass es den Gruppenraum oder den Eingangsbereich ziert.

Grüntöne des Sommers

- **Bildungsbereich:** Bewegung und Wahrnehmung
- **Alter:** ab 3 Jahre
- **Anzahl:** unbegrenzt
- **Ort:** draußen
- **Material:** grüner Tonkarton, doppelseitiges Klebeband, Schere

Betrachten Sie mit den Kindern das Grün der Blätter. Haben alle Blätter das gleiche Grün? Wer findet die meisten Grüntöne? Jedes Kind erhält ein blattförmiges Stück grünen Tonkarton. Auf dieses Blatt kleben sie mit doppelseitigem Klebeband alle Fundstücke, die sie vom Boden aufsammeln. Finden sie nicht genügend Material, dürfen sie vorsichtig kleine Ecken von den Blättern abreißen und diese auf ihr Pappblatt kleben. Sind alle Pappkarten vollständig beklebt, treffen sich die Kinder und stellen ihre Grünsammlungen in der Runde vor. Vielleicht erfinden sie dabei sogar eigene Wortkreationen für die vielen Grüntöne.

Wir hören den Sommer

Manche Geräusche sind charakteristisch für den Sommer. Obwohl wir diese nur in den Sommermonaten hören, sind sie uns vertraut und wir können sie bei erneutem Hören immer wieder zuordnen.

Hörerlebnisse auf der Sommerwiese

- **Bildungsbereich:** Bewegung und Wahrnehmung
- **Alter:** ab 3 Jahre
- **Anzahl:** unbegrenzt
- **Ort:** drinnen
- **Material:** Decken, Papier, Stifte

Gehen Sie mit den Kindern auf eine Sommerwiese, an einen See oder in einen Wald. Jedes Kind sucht sich einen schönen Platz und breitet dort seine Decke aus. Mit geschlossenen Augen konzentrieren sich alle Kinder auf die

Geräusche. Was hören sie? Summende Bienen? Zwitschernde Vögel? Vor-
beifahrende Autos? Nach einer kurzen Zeit kommen alle Kinder zusammen
und berichten von ihren Hörerlebnissen. Hat jeder das gleiche gehört?

Sommergeräusche sammeln

● **Bildungsbereich:** Bewegung und Wahrnehmung
● **Alter:** ab 3 Jahre
● **Anzahl:** unbegrenzt
● **Ort:** draußen
● **Material:** Tonkarton, Stifte, Papier, Klebstoff, Aufnahmegeräte

Unternehmen Sie mit den Kindern während der Sommermonate mehrere
Exkursionen zu verschiedenen Orten, um dort Geräusche mit einem
Aufnahmegerät zu sammeln. Wichtig bei der Auswahl der Geräusche ist,
dass diese typisch für den Sommer sind. Gehen Sie mit den Kindern an
einen Badesee, in ein Freibad, auf eine Blumenwiese, in einen Garten, vor
eine Eisdiele, in den Wald oder auf ein Sommerfest. Hören sie das Brummen
der Hummeln, das Summen der Bienen, das Rattern des Rasenmähers, den
Motor der Heckenschere, das Schwirren des Gartensprengers und das
Kindergeschrei im Planschbecken? All diese Geräusche sind typisch für den
Sommer und sollten festgehalten werden.

Wir riechen den Sommer

Im Sommer nehmen wir Gerüche sehr intensiv wahr, da die Wärme deutlich mehr Duftstoffe freisetzt. So ist es nicht verwunderlich, wenn uns der Sommer auch viele typische Dufterlebnisse ermöglicht.

So riecht der Sommer!

- **Bildungsbereich:** Bewegung und Wahrnehmung
- **Alter:** ab 3 Jahre
- **Anzahl:** unbegrenzt
- **Ort:** draußen

Folgen Sie mit den Kindern den Düften des Sommers. Überlegen Sie zunächst gemeinsam, wo sie diese Düfte finden und wann sie diese am besten wahrnehmen können. Zur Einstimmung beschreiben die Kinder die Sommerdüfte, die sie bereits kennen:

- erfrischender Sommerregen nach einem heißen Tag
- frisch gemähtes Gras
- süßlich duftendes Weizenfeld
- schützende Sonnencreme auf der Haut
- glühende Holzkohle beim Grillfest

Rosenparfüm

- **Bildungsbereich:** Ästhetisch-kreative Bildung
- **Alter:** ab 5 Jahre
- **Anzahl:** unbegrenzt
- **Ort:** drinnen
- **Material:** verblühte Rosen, Rührlöffel, Schüssel, Wasser, Sieb, verschließbare Gefäße, kleine Fläschchen, Klebeetiketten, Stifte

Rosen sind nicht nur wegen ihrer Schönheit, sondern auch wegen ihres Duftes sehr beliebt. Deshalb werden sie seit vielen Jahrhunderten für die

Herstellung von Parfüms verwendet. Bestimmt ist es für die Kinder ein interessantes Erlebnis, wenn sie ihr eigenes Rosenparfüm herstellen dürfen. Zunächst schneiden sie die verblühten Rosenköpfe vom Stiel ab. Dann legen sie die Blüten in eine Schüssel, bedecken diese mit Wasser und rühren die Mischung mehrmals gut um. Danach lassen sie das Gemisch über Nacht ziehen. Am nächsten Tag gießen die Kinder das Wasser durch ein Sieb in ein großes Gefäß und füllen es in kleine Flakons um. Diese werden mit einem Etikett versehen, beschriftet und verziert. Fertig ist das selbst hergestellte Rosenparfüm!

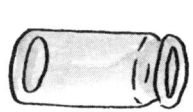  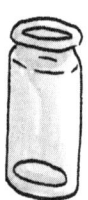

Sommerliche Duftsäckchen

- **Bildungsbereich:** Ästhetisch-kreative Bildung / Bewegung und Wahrnehmung
- **Alter:** ab 5 Jahre
- **Anzahl:** unbegrenzt
- **Ort:** draußen und drinnen
- **Material:** Körbchen oder Papiertüten, Rosenblüten, Zitronenmelisse, Sommerflieder, Lavendelblüten, Salbei, Scheren, Zeitungspapier, kleine Stoffbeutel, Stickgarn, Nadeln, Stoffmalfarben, Perlen, Klebstoff, Kordel

Sammeln Sie mit den Kindern Rosenblüten, Lavendelblüten, Sommerflieder, Salbei, Zitronenmelisse und weitere Duftpflanzen, die einen angenehmen Geruch haben. Lassen Sie die Kinder an den Pflanzen riechen und ihre Lieblingsdüfte auswählen. Dann sammeln sie die Blüten und Blätter dieser Pflanzen und legen sie so in ihre Körbchen, dass diese vorsortiert sind. Zum Trocknen werden die Pflanzenteile auf einem großen Bogen Zeitungspapier ausgebreitet.

Während der Trocknungszeit verzieren die Kinder kleine Stoffbeutel mit Stickereien, Stoffmalfarbe oder Perlen. Sobald die Pflanzenteile gut getrocknet sind, werden sie in kleine Schälchen gefüllt. Nun dürfen die Kinder an den duftenden Behältern riechen. Erkennen sie ihren Lieblingsduft wieder? Nach diesen Dufterfahrungen füllen die Kinder die getrockneten Pflanzenteile in ihre verzierten Stoffbeutel und verschließen diese fest. Die Mischung ihrer Duftsäckchen dürfen sie selbst auswählen. Zum Schluss werden alle Säckchen im Kreis herumgegeben. Erkennen die Kinder die einzelnen Duftkompositionen? Nach jeder Raterunde verrät der Eigentümer, um welche Füllung es sich handelt.

Wir fühlen den Sommer

Sonnenwärme an Gegenständen spüren

- **Bildungsbereich:** Bewegung und Wahrnehmung / Sprachliche Bildung
- **Alter:** ab 3 Jahre
- **Anzahl:** unbegrenzt
- **Ort:** draußen
- **Material:** schwarzer Stoff, weißer Stoff, Blech, Aluminium, Papier, Holz, Ton, Stroh

Sicherlich haben die Kinder schon die Erfahrung gemacht, dass manche Materialien in der Sonne sehr heiß werden können. Um herauszufinden, welche Materialien sich besonders stark erwärmen, legen sie an einem besonders heißen Sommertag verschiedene Gegenstände in die Sonne. In der Mittagszeit testen Sie mit den Kindern die Temperaturen. Vorsichtig berühren sie die ausgelegten Gegenstände mit den Händen und Füßen. Wie heiß sind die Dinge? Die Kinder beschreiben die gefühlten Temperaturen mit Begriffen wie kühl, warm, wärmer, heiß und am heißesten. Zum Abschluss sortieren sie alle Gegenstände nach dem Grad ihrer Erwärmung.

Wassertemperatur spüren

- **Bildungsbereich:** Bewegung und Wahrnehmung
- **Alter:** ab 3 Jahre
- **Anzahl:** unbegrenzt
- **Ort:** draußen
- **Material:** mehrere gleich große Schüsseln, Wasser, Thermometer

An einem sonnigen Tag bauen die Kinder eine Wasserstraße, die quer über das Außengelände führt. Sie stellen mehrere Schüsseln auf und füllen diese mit der gleichen Menge Wasser. Mit Hilfe eines Thermometers stimmen sie Wassertemperaturen in den Schüsseln so ab, dass diese überall gleich sind. Nach der Mittagszeit messen die Kinder nochmals alle Wassertemperaturen. Wo hat sich das Wasser am meisten erwärmt? In welcher Schüssel ist die Wassertemperatur unverändert geblieben?

Wasserparcours

- **Bildungsbereich:** Bewegung und Wahrnehmung
- **Alter:** ab 3 Jahre
- **Anzahl:** unbegrenzt
- **Ort:** draußen
- **Material:** große Wannen, warmes Wasser, kaltes Wasser, Eiswürfel, Badeschaum, Badeöl, Augenbinden, Handschuhe, Socken, Handtücher

Wasser ist zwar immer nass, aber fühlt es sich auch immer gleich an? Bei einem Wasserparcours mit mehreren Stationen erfahren die Kinder, wie

unterschiedlich das Gefühl von Nässe sein kann. Füllen sie die Wannen mit Wasser. Die Wassertemperaturen in den einzelnen Wannen sollten von sehr heiß bis eiskalt reichen. Geben Sie in einige Wasserwannen außerdem noch Schaumbad, Ölbad oder Eiswürfel dazu.
Wählen Sie einen warmen Sommertag aus, damit die Kinder in Badebekleidung durch den Parcours laufen können. So werden verschiendene Körperpartien angesprochen und ermöglichen ein intensives Sinneserlebnis. Mit nackten Füßen und verbundenen Augen werden die Kinder einzeln von Wanne zu Wanne geführt. Wer sich traut, darf sich ins Wasser setzen. Selbstverständlich dürfen die Inhalte der Wannen mit allen Körperteilen befühlt werden.

Sommerregen spüren

- **Bildungsbereich:** Bewegung und Wahrnehmung
- **Alter:** ab 3 Jahre
- **Anzahl:** unbegrenzt
- **Ort:** draußen
- **Material:** Badebekleidung, Handtücher

Lassen Sie die Kinder in Badebekleidung einen warmen Sommerregen erleben. Barfuss dürfen sie über Wiesen und warmen Steinfliesen laufen. Sie dürfen in Pfützen springen und sich mit Matsch beschmieren. Sie halten ihre Gesichter in den Regen und genießen die Naturdusche auf ihrem ganzen Körper. Lassen Sie die Kinder nach Lust und Laune den Regen spüren, denn dieses Sinneserlebnis bietet nur der Sommer.
Nach der ausgiebigen Regendusche, trocknen sich die Kinder gut ab und ziehen sich an.
Im Sitzkreis erzählen sie anschließend, wie sich die Regentropfen auf der Haut angefühlt haben. Was hat den Kindern gefallen? Was war ihnen unangenehm?

Wir schmecken den Sommer

Gegrillte Äpfel mit Vanilleeis

● **Zutaten für 8 Portionen:** 4 kleinere Äpfel, 4 Esslöffel Mandelblättchen, 2 Esslöffel Zucker, 3 – 4 Esslöffel zimmerwarme Süßrahmbutter, 8 Kugeln Vanilleeis

Die Kinder waschen und halbieren vier Äpfel. Danach höhlen sie die Apfelhälften aus. Achten Sie darauf, dass die Apfelhälften dabei nicht durchlöchert werden! Nun bestreichen die Kinder die Schnittflächen mit zerlassener Butter und legen die Apfelhälften mit der Schnittfläche nach unten an den Rand des Grills. Während die Äpfel 12 bis 15 Minuten garen, wird die Füllung vorbereitet. Die Kinder vermengen die Mandelblättchen mit der zimmerwarmen Butter und geben diese vorsichtig in die Apfelhälften. Dann garen die Hälften nochmals fünf Minuten auf der anderen Seite. Serviert wird jede Apfelhälfte mit einer Kugel Vanilleeis.

Erdbeeren im Schokoladenmantel

● **Zutaten für 4 Personen:** 20 große Erdbeeren, 1 Tafel Schokolade, bunte Schokoladenstreusel, gehackte Nüsse, Holzstäbchen, Melonenhälfte

Die Kinder brechen eine Tafel Schokolade in kleine Stücke und schmelzen diese im Wasserbad. Danach waschen sie die Erdbeeren und tupfen sie gut trocken. Nun fassen die Kinder die Früchte am Stiel, tauchen diese in die Schokoladenmasse und legen sie so auf einen großen Teller, dass die Spitzen nach oben zeigen. Während der Schokoladenmantel beim Trocknen fest wird, können die Kinder ihre Erdbeeren mit bunten Schokostreuseln oder mit gehackten Nüssen verzieren. Dann werden die Schokofrüchte auf Holzstäbchen gespießt und in eine Melonenhälfte gesteckt.

Erfrischende Sommerbowle

Zutaten für 12 Gläser: 2 Kilo frische Erdbeeren, 8 Pfirsiche, 300 Milliliter Erdbeersirup, 4 Liter Pfirsichsaft, Bowlentopf, Gläser, Schöpfkelle
Stellen Sie den Erdbeersirup einen Tag vor der Zubereitung kalt. Enthäuten Sie die Pfirsiche und schneiden Sie diese mit den Kindern in kleine Stücke. Anschließend putzen die Kinder die Erdbeeren und schneiden diese ebenfalls klein. Dann geben sie alle Obststücke in einen Bowlentopf und übergießen diese mit zimmerwarmem Pfirsichsaft. Damit sich der Erdbeersirup am Boden ansetzt, gießen Sie diesen vom Rand her langsam in das Gefäß. Füllen Sie die fertige Bowle in Gläser und genießen Sie das Sommergetränk mit den Kindern.

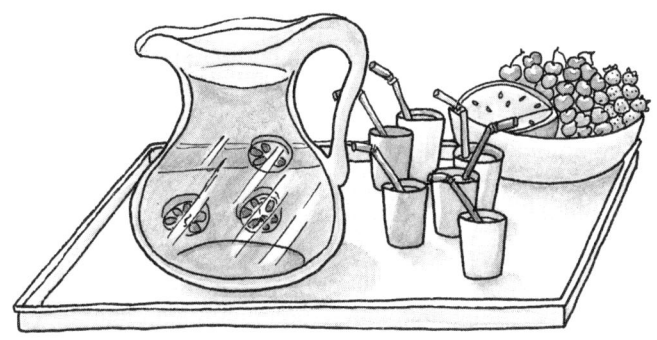

Bananen vom Grill

Zutaten für 4 Personen: 4 Bananen, Vanilleeis, Schokoladensoße
Wie wäre es, wenn Sie beim nächsten Sommerfest einmal Bananen statt Würstchen grillen? Das ist es nicht nur lecker, sondern auch gesund. Lassen Sie die heiße Glut etwas abkühlen und legen Sie erst dann die ungeschälten Bananen hinein. Grillen Sie diese so lange, bis die Bananenschalen rundherum schwarz sind. Nehmen Sie die Bananen aus der Glut, öffnen Sie die Schale mit einem Längsschnitt und beträufeln Sie das Fruchtfleisch mit etwas Schokoladensoße. Nun können die Bananen aus der Schale herausgelöffelt werden. Eine Kugel Vanilleeis rundet diesen Gaumenschmaus ab.

5

Welt der Insekten

Eine Tierart, der wir im Sommer ständig begegnen, sind Insekten. Häufig werden sie mit Interesse beobachtet, manchmal aber auch übersehen oder als störend empfunden. Bringen Sie den Kindern die einzigartige Welt der Insekten näher. Ermöglichen Sie ihnen, diese kleinen Lebewesen in ihrer unmittelbaren Umgebung kennen und schätzen zu lernen.

Insekten entdecken

Insekten auf der Wiese

- **Bildungsbereich:** Natur, Lebenswelt, Technik
- **Alter:** ab 4 Jahre
- **Anzahl:** unbegrenzt
- **Ort:** draußen
- **Material:** Malpapier, Stifte

Am besten eignet sich ein sonniger Tag für eine Insektenerkundungstour auf einer Sommerwiese. Stellen Sie den Kindern vor Ort verschiedene Aufgaben, um ihre Beobachtungsfähigkeit und ihr Interesse an den kleinen Lebewesen zu fördern. Da Kinder in Gemeinschaft mehr Spaß haben und sie offener für neue Erfahrungen sind, bilden sie mehrere Kleingruppen. Nach jeder Aufgabe kommen alle Gruppen im großen Kreis zusammen und tauschen sich über ihre Ergebnisse aus. Geben Sie die einzelnen Aufgaben jeweils erst vor dem Start bekannt:

- Auf dieser Wiese leben zahlreiche Insekten. Habt ihr sie entdeckt, dann malt ein großes Insektenwimmelbild.
- Insekten können fliegen, kriechen und krabbeln. Beobachtet genau, welche Insekten sich auf welche Art oder Arten fortbewegen. Zeichnet eure Ergebnisse in ein großes Plakat, das ihr in drei Spalten unterteilt.
- Auf der Blumenwiese finden die Insekten reichlich Nektar und Pollen. Welches sind die Lieblingsblumen der Bienen, Hummeln, Schmetterlinge und Käfer? Malt die Blumen und ihre Besucher auf.
- Wählt ein Lieblingsinsekt, das ihr noch einmal genau beobachten möchtet. Malt von diesem Tier einen Steckbrief und erklärt, was es am liebsten macht.

Wie essen Insekten?

- **Bildungsbereich:** Natur, Lebenswelt, Technik
- **Alter:** ab 4 Jahre
- **Anzahl:** unbegrenzt
- **Ort:** draußen und drinnen
- **Material:** Pappteller, Schere, Stock, Papiertuch, Malzbier, Sirup, Apfelmus, Malpapier, Stifte, Naturführer, Lexika, Ferngläser

Haben die Kinder eine Vorstellung, wie Bienen, Schmetterlinge oder Marienkäfer essen? Mit dem folgenden Experiment können sie sich diese Frage selbst beantworten. Gestalten Sie aus einem Pappteller und einem Stock eine langstielige Blume und stecken Sie diese in die Wiese. Die Kinder rühren ein Lockmittel aus Sirup, Apfelmus und Malzbier an. Damit tränken sie ein Papiertuch und legen es auf die Pappblüte. Auf einem geschützten Beobachtungsposten warten die Kinder, bis das erste Insekt die künstliche Pflanze anfliegt und von ihrer Blüte nascht. Können sie sehen, wie die Insekten ihre Nahrung aufnehmen? Erkennen sie die speziellen Mundwerkzeuge? Fällt ihnen der lange Saugrüssel auf? Die Kinder malen ihre Beobachtungen auf, damit sie ihre Erkenntnisse später mit Hilfe von Natur- und Sachbüchern vertiefen können.

Als Schmetterling auf Nahrungssuche

- **Bildungsbereich:** Wahrnehmung und Bewegung
- **Alter:** ab 3 Jahre
- **Anzahl:** unbegrenzt
- **Ort:** draußen oder drinnen
- **Material:** Pappteller, Becher, Trinkhalm, doppelseitiges Klebeband, Schere, Saft

Die Kinder können sich die Nahrungsaufnahme der Schmetterlinge gut vorstellen, wenn sie sich selbst in hungrige Falter verwandeln. Gestalten Sie für jedes Kind eine Blüte. Nehmen Sie jeweils einen Pappteller, befestigen darauf einen Becher und füllen Sie diesen mit Saft. Verteilen Sie die Blumen im Raum oder auf einer Wiese. Nun fliegen die Kinder wie Schmetterlinge

umher, indem sie ihre Arme wie Flügel bewegen. Weil sie jetzt zwar fliegen, aber nichts mehr tragen können, müssen sie ihren Trinkhalm im Mund festhalten. Auf Ihr Zeichen fliegt jeder Schmetterling zu einer Blume und trinkt diese mit seinem Saugrüssel leer. Gewonnen hat der Schmetterling, der als Erster seinen Becher vollständig ausgetrunken hat.

Stechende und beißende Tiere

- **Bildungsbereich:** Sprachliche Bildung / Natur, Lebenswelt, Technik
- **Alter:** ab 3 Jahre
- **Anzahl:** unbegrenzt
- **Ort:** draußen oder drinnen
- **Material:** Naturführer, Insektenbestimmungsbücher, Sachbücher, Internet

Im Sommer kann es trotz aller Vorsichtsmaßnahmen immer wieder vorkommen, dass die Kinder von Bremsen, Mücken, Wespen und Zecken gestochen werden. Während Bremsen-, Mücken- und Wespenstiche sofort wahrgenommen werden, machen sich Zeckenbisse oft erst später bemerkbar. Sprechen Sie mit den Kindern über ihre Erfahrungen mit den Plagegeistern. Wissen sie, wie die Tiere aussehen? Schauen Sie sich gemeinsam farbige Bilder von den stechenden und beißenden Quälgeistern an. Welche Möglichkeiten gibt es, um sich vor ihnen zu schützen? Was ist zu tun, wenn jemand gestochen oder gebissen wird?

Zeigen Sie den Kindern, wie sie ihre Arme und Beine, ihren Bauch und Rücken, ihre Haare und ihre Kleidung nach einem Waldbesuch oder Aufenthalt in der Natur gründlich auf Zecken absuchen sollten.

Hausmittel gegen störende Insekten

- Stellen Sie eine Flasche mit einem Rest Saft oder Limonade etwas abseits auf. Der süßliche Duft lockt die Plagegeister in die Flasche und hält sie so von ihren Opfern fern.
- Legen Sie eine mit Nelken gespickte Zitronenecke auf den Tisch. Dieser Duft hält schwarz-gelb gestreifte Hautflügler etwa drei Meter auf Abstand.

Einblicke in den Ameisenstaat

Auf den ersten Blick wirkt das geschäftige Treiben der Ameisen ziellos. Dass Ameisen jedoch in sehr gut organisierten Staaten zusammenleben, in denen eine klare Arbeitsteilung herrscht, wird bei näherer Betrachtung der kleinen Tierchen schnell deutlich. Kinder finden es im Allgemeinen sehr spannend, die emsigen Ameisen am Waldboden, auf den Wegen oder im Garten zu beobachten. Nutzen Sie dieses Interesse, um ihr Wissen auf spielerische Weise zu vertiefen.

Ameisenstraßen

- **Bildungsbereich:** Natur, Lebenswelt, Technik / Wahrnehmung und Bewegung
- **Alter:** ab 3 Jahre
- **Anzahl:** unbegrenzt
- **Ort:** draußen

Als Einstieg in das Thema machen die Kinder eine kleine Erkundungstour, bei der sie folgenden Fragen nachgehen werden:

- Wohin krabbeln die Ameisen?
- Krabbeln alle in die gleiche oder in unterschiedliche Richtungen?
- Gibt es Ameisen, die etwas tragen? Wenn ja, was? Wohin bringen sie es?

Bestimmt haben die Kinder bei ihrer Exkursion festgestellt, dass die Ameisen stets einer Spur folgen. Diese führt von ihrem Nest weg und wieder zurück. Woher wissen die Ameisen, wohin ihre Ameisenstraße führt? Haben die Kinder eine Vermutung? Vielleicht weiß ein Kind, dass Ameisen ihren Weg mit Geruchsstoffen markieren und ihn daran erkennen.

Wo ist unser Ameisenbau?

- **Bildungsbereich:** Wahrnehmung und Bewegung
- **Alter:** ab 6 Jahre
- **Anzahl:** unbegrenzt
- **Ort:** draußen
- **Material:** Äste, Nelkenöl, Lavendelöl, Rosenöl, Zitronenöl, Watte, 8 Filmdöschen, 4 Augenbinden

Beträufeln Sie jeweils zwei Wattebällchen mit dem gleichen Duftöl. Geben Sie jedes Wattebällchen in ein Filmdöschen und verschließen Sie es mit dem passenden Deckel. Vermerken Sie auf dem Boden der Filmdöschen, welches Duftöl darin enthalten ist. Nun bauen die Kinder mit kleinen Ästen vier kreisförmige Ameisenbauten.

Vier Kinder spielen die Ameisensoldaten, die ihren Bau mit verbundenen Augen bewachen. Als Erkennungszeichen erhält jeder Ameisensoldat ein Döschen mit einem anderen Duft.

Die übrigen Kinder sind die Arbeiterinnen und wollen in ihren Bau zurück. Sie bilden vier Gruppen, die jeweils ein Duftdöschen erhalten. Leider wissen die Arbeiterinnen nicht mehr genau, wohin sie müssen. Ausgestattet mit ihrem Duft gehen sie von Bau zu Bau und bitten den wachhabenden Soldat um Einlass. Der Soldat lässt die Arbeiterinnen aber nur dann in den Bau, wenn ihr und sein Döschen den gleichen Duft haben.

Steckbrief einer Ameise

- **Bildungsbereich:** Natur, Lebenswelt, Technik
- **Alter:** ab 6 Jahre
- **Anzahl:** unbegrenzt
- **Ort:** drinnen
- **Material:** Lexika, Naturführer, Internet, Papier, Stifte

Nach ausgiebigen Recherchen in Lexika, Naturführern und im Internet erstellen die Kinder einen Steckbrief für Ameisen. In Kleingruppen bearbeiten sie folgende Aufgaben:
- Aussehen: Wie ist der Körperbau der Ameise? Wie viele Beine hat sie? Wo sitzen diese? Wo sind die Augen? Welche Besonderheiten hat sie?
- Ameisenarten: Welche Arten gibt es? Wie unterscheiden sie sich?
- Lebensraum: Wo leben Ameisen? Wie wohnen und ernähren sie sich?
- Zusammenleben: Was ist ein Ameisenstaat? Wie ist die Rangordnung? Wie sieht die Arbeitsteilung aus?

Haben alle Gruppen ihre Steckbriefe erstellt, kommen sie zusammen und präsentieren ihre Ergebnisse in der Runde.

Ameisen, die stärksten Lebewesen der Welt

- **Bildungsbereich:** Natur, Lebenswelt, Technik
- **Alter:** ab 3 Jahre
- **Anzahl:** unbegrenzt
- **Ort:** draußen oder drinnen
- **Material:** Waage, Papier, Stift

Welche Tiere sind die stärksten der Welt? Bestimmt werden die Kinder große oder gefährliche Tiere nennen. Es klingt zwar unglaublich, aber ausgerechnet die kleine Ameise zählt zu den stärksten Lebewesen der Welt. Im Vergleich zu ihrem Körpergewicht kann sie nämlich das 20- bis 30fache ihres Körpergewichts packen, stemmen und herumtragen. Da diese Aussage sehr abstrakt klingt, veranschaulichen Sie den Kindern die Leistung der Ameise mit einem Experiment. Wiegen Sie ein Kind. Schreiben Sie sein Körpergewicht auf. Wenn es nun eine Ameise wäre, könnte es mindestens

20 Mal so viel Gewicht tragen. Wie viele Kilo wären dies? Stellen Sie den Kindern als Vergleichsmenge 1-Liter-Flaschen zur Verfügung. Wer kann all diese Flaschen auf einmal stemmen oder tragen?

Interessantes über Ameisen

- Aufgabenteilung im Ameisenstaat: Die Königin legt die Eier. Die Arbeiterinnen versorgen die geschlüpften Larven mit Futter. Die Ameisensoldaten schützen den Bau vor Feinden. Die Außenarbeiter melken die Blattläuse.
- Eine Ameisenkönigin kann bis zu zwölf Jahre alt werden.
- Ameisen geben Körperdüfte ab, mit denen sie Spuren hinterlassen. Auf diese Weise markieren sie für nachfolgende Ameisen derselben Gemeinschaft den Weg zum Futter.
- Eine einzelne Ameise wiegt 1 bis 5 Milligramm.
- Die kleinste Ameise misst etwa 1 Millimeter. Die größte Ameise kann 5 Zentimeter lang werden.
- Es gibt über 10.000 bekannte Ameisenarten. Die meisten leben in tropischen Ländern.

Der Ameisenstaat

- **Bildungsbereich:** Natur, Lebenswelt, Technik / Ästhetisch-kreative Bildung
- **Alter:** ab 4 Jahre
- **Anzahl:** unbegrenzt
- **Ort:** drinnen
- **Material:** Nachschlagewerke, Sachbücher, Tonkarton, Tonpapier, Klebstoff, Scheren, Stifte

Damit die Kinder eine Vorstellung von der Rollenverteilung im Ameisenstaat bekommen, gestalten sie ein großes Schaubild. Zur Vorbereitung suchen sie mit Ihrer Hilfe in verschiedenen Nachschlagewerken und Sachbüchern nach

Informationen. Danach gestalten Sie aus Tonpapier einen Ameisenbau und die einzelnen Mitglieder des Ameisenstaates. Fragen Sie die Kinder, mit welchen Symbolen sie die einzelnen Rollen kenntlich machen können:
  – Die Ameisenkönigin wird mit Umhang und Krone ausgestattet.
  – Die Arbeiterinnen tragen Schirmmützen.
  – Die Soldaten sind an ihren Waffen zu erkennen.
  – Die Außenarbeiterinnen erhalten kleine Stiefelchen.
Je kreativer und lustiger die Ideen sind, desto eher werden die Kinder ihr neu erworbenes Wissen verinnerlichen. Hängen Sie das fertige Plakat gut sichtbar im Gruppenraum auf.

Nützlinge bei der Gartenarbeit

Ein Regenwurm als Erdarbeiter

- **Bildungsbereich:** Natur, Lebenswelt, Technik
- **Alter:** ab 4 Jahre
- **Anzahl:** unbegrenzt
- **Ort:** draußen und drinnen
- **Material:** 1 Einmachglas, Erde, Sand, welkes Laub, Grasschnitt, luftdurchlässige Gaze, Gummiband, Tuch, Sprühflasche, Wasser, Regenwürmer

Bei feuchtem Wetter können die Kinder zahlreiche Regenwürmer im Garten entdecken. Wer traut sich, diese harmlosen Tiere in die Hand zu nehmen? Achten Sie darauf, dass die Kinder vorsichtig mit den Regenwürmern umgehen, damit kein Tierchen Schaden nimmt.
Wissen die Kinder, wie nützlich die Tiere sind? Können sie auch erklären, auf welche Art sie bei der Garten- und Feldarbeit helfen? Bei

dem folgenden Experiment erfahren sie, wie die Regenwürmer durch die Erde ziehen, Gänge hinterlassen und so die Erde auflockern. Sie füllen in ein großes Einmachglas mehrere Schichten feuchte Erde und Sand. Die oberste Schicht decken sie mit welkem Laub und Grasschnitt ab.

Nun setzen die Kinder ein paar Regenwürmer in das Glas und verschließen es mit luftdurchlässiger Gaze, die mit einem Gummi befestigt wird. Sie stellen das Regenwurmhaus an einem kühlen Platz und decken es mit einem Tuch ab, damit die Regenwürmer wie in der dunklen Erde vor Licht geschützt sind. Regelmäßig versorgen die Kinder ihre Tierchen mit neuer Pflanzennahrung und halten die Erde feucht - aber nicht nass, damit die Tiere nicht ertrinken! Nach einigen Wochen können sie an der Glaswand die Wohnröhren und die Pflanzenreste erkennen. Bei genauem Hinsehen werden sie feststellen, dass sich auf diese Weise alle Schichten langsam miteinander vermischen.

Marienkäfer unter der Lupe

- **Bildungsbereich:** Wahrnehmung und Bewegung
- **Alter:** ab 6 Jahre
- **Anzahl:** unbegrenzt
- **Ort:** draußen
- **Material:** Lupe, Vergrößerungsglas, Naturführer

Jedes Kind kennt die roten, gelben und schwarzen Marienkäfer. Doch wissen die Kinder auch, dass Marienkäfer sehr nützlich sind? Die kleinen Larven und Käfer fressen nämlich sehr viele Blattläuse.

Ausgestattet mit Lupen machen sich die Kinder auf die Suche nach den kleinen Tierchen. Falls sie mehrere Marienkäfer finden, können sie diese miteinander vergleichen. Vielleicht handelt es sich sogar um verschiedene Arten. Nach ausgiebiger Betrachtung fertigen die Kinder ein Porträt von ihrem Marienkäfer an, um folgende Fragen zu beantworten:

- Welche Farben hat der Marienkäfer?
- Wie viele Punkte hat er?
- Wo befinden sich die Punkte?

– Wie viele Beine hat der Käfer?
– Wo befinden sich die Beine?
– Wie fühlt sich der Käfer an?
– Sind seine Flügel zu erkennen?
– Wie viele Flügelpaare hat er?
– Wie sehen seine Fühler aus?

Gefräßige Glückbringer

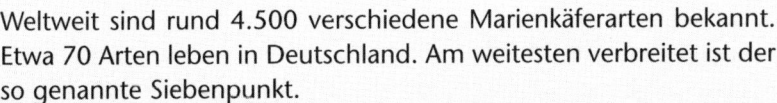

Weltweit sind rund 4.500 verschiedene Marienkäferarten bekannt. Etwa 70 Arten leben in Deutschland. Am weitesten verbreitet ist der so genannte Siebenpunkt.

Eine Legende besagt, dass dieser kleine Käfer von der Jungfrau Maria gebeten wurde, die Pflanzen von den Blattläusen zu befreien. Seither wird er Marienkäfer genannt. Ein Marienkäfer frisst täglich 100 bis 150 Blattläuse. Jede Larve vertilgt in den drei Wochen bis zu ihrer Verpuppung 400 bis 600 Blattläuse.

Doch der Marienkäfer hält nicht nur Blattläuse fern, sondern bietet gemäß dem Volksglauben auch Schutz vor Hexen und Unheil. Deshalb gilt er noch heute als klassischer Glücksbringer.

Bienen und Wespen

Bienenbeobachtung

- **Bildungsbereich:** Natur, Lebenswelt, Technik / Wahrnehmung und Bewegung
- **Alter:** ab 3 Jahre
- **Anzahl:** unbegrenzt
- **Ort:** draußen

Die Kinder beobachten auf einer Wiese, wie die Bienen von Blume zu Blume fliegen und mit ihren langen Rüsseln Nektar sammeln. Erkennen die Kinder, dass einige leuchtendgelbe oder orangefarbene Unterbäuche haben? Das ist Blütenstaub, der an ihren Härchen hängen bleibt und so an die nächste Blume weitergegeben wird. Auf diese Weise sorgt die Biene für die Befruchtung und somit für die Vermehrung und Arterhaltung der Pflanzen. Verdeutlichen Sie den Kindern bei diesem Gespräch, wie sehr die Pflanzen- und Tierwelt voneinander abhängig sind.

Bienenunterhaltung

- **Bildungsbereich:** Wahrnehmung und Bewegung
- **Alter:** ab 5 Jahre
- **Anzahl:** unbegrenzt
- **Ort:** draußen oder drinnen

Da Bienen keine Worte benutzen können, verständigen sie sich mit tänzelnden Bewegungen. Beim Schwänzeltanz wackelt die Biene mit ihrem Hinterteil hin und her. So erklärt sie einer anderen Biene, in welche Richtung und wie weit sie fliegen muss, um zur nächsten Blüte zu kommen.

Sicherlich macht es den Kindern viel Spaß, sich einmal wie die Bienen zu unterhalten. Paarweise finden sie sich zusammen und denken sich für wichtige Mitteilungen einen Schwänzeltanz aus, den sie auch sogleich einüben.

Dabei werden sie feststellen, wie schwierig es ist, die Tanzbewegungen richtig zu entschlüsseln. Haben sie verstanden, wohin sie fliegen sollen? Klappt die Verständigung bei allen Paaren, stellen sie ihre Tänze in der Gesamtgruppe vor.

Besuch beim Imker

- **Bildungsbereich:** Natur, Lebenswelt, Technik / Wahrnehmung und Bewegung
- **Alter:** ab 6 Jahre
- **Anzahl:** unbegrenzt
- **Ort:** draußen

Kennen Sie einen Imker, der Sie mit den Kindern zu einem Besuch einladen würde? Bei dieser Exkursion können die Kinder viel Wissenswertes über die Bienen erfahren. Bestimmt dürfen sie auch eine Wabe anschauen, befühlen und daran riechen.

Möglicherweise hält der Imker seine Bienen in einem Bienenkorb und in einem Bienenstock. Dann können die Kinder gleich mehrere Varianten der Bienenzucht sehen. Besonders spannend ist es für sie auch, wenn der Imker ihnen zeigt, wie er ohne einen einzigen Bienenstich an den Honig kommt.

Variation: Statt einen Imker zu besuchen, organisieren Sie einen Ausflug in ein Schulbiologiezentrum. Dort wird ein Verantwortlicher den Kindern das Leben der Honigbienen altersgerecht näher bringen.

71

Biene oder Wespe?

- **Bildungsbereich**: Natur, Lebenswelt, Technik / Wahrnehmung und Bewegung
- **Alter**: ab 3 Jahre
- **Anzahl**: unbegrenzt
- **Ort**: draußen
- **Material**: Naturführer, Sachbücher, Lexika

Viele Menschen können eine Biene nicht von einer Wespe unterscheiden. Sie erkennen nur ein gelbschwarzes Insekt. Aus Angst von einer Biene oder einer Wespe gestochen zu werden, versuchen sie diese durch wildes Umherschlagen zu vertreiben. Dabei vergessen diese Menschen oftmals, dass

Biene und Wespe im Vergleich

Biene	Wespe
Pelziger Rumpf, der mit vielen feinen Härchen bewachsen ist.	Wespentaille, da der Hinterleib und der Vorderleib nur durch einen extrem dünnen Faden zusammengehalten werden.
Rundere Körperform	Spitzere Körperform
Farbstreifen sind wenig kontrastreich ausgeprägt. Wechsel von gelborangefarbenen und graubraunen Streifen.	Kontrastreiche Querstreifen, bei denen sich ein kräftigeres Gelb mit Tiefschwarz abwechseln.
Lange dünne Rüssel	
Bevorzugt süße Speisen	Mag süße und herzhafte Speisen

eine Biene nur dann zustechen wird, wenn sie sich bedroht fühlt. Sobald sie ihren Stachel als Waffe einsetzt, verliert sie ihr eigenes Leben. An der Spitze ihres Stachels befinden sich nämlich Widerhaken, die so eng mit den Muskeln, der Giftblase und dem Nervenzentrum ihres Körpers verbunden sind, dass diese herausgerissen werden, sobald die Biene von ihrem Opfer loszukommen versucht.

Wespen haben keine Widerhaken an ihrem Stachel und können deshalb mehrmals stechen. Trotzdem stechen auch sie nur, wenn sie gereizt werden oder sich angegriffen fühlen.

Verdeutlichen Sie den Kindern mit Hilfe von Naturbüchern die Unterschiede zwischen einer Biene und einer Wespe. Finden Sie mit ihnen bestimmungs-relevante Merkmale oder Verhaltensweisen heraus.

Konzentrationsspiel für Bienen und Wespen

- **Bildungsbereich:** Wahrnehmung und Bewegung
- **Alter:** ab 6 Jahre
- **Anzahl:** mindestens 6 Kinder
- **Ort:** draußen
- **Material:** Kreide oder Tesakrepp

Für dieses Spiel benötigen Sie eine ebene Fläche. Teilen Sie das Spielfeld mit Kreide oder Tesakrepp in drei Abschnitte ein. Markieren Sie in der Mitte einen 2 x 4 Meter großen Streifen. Die Spielfelder links und rechts davon stellen Nester dar. Sie sollten 4 x 4 Meter groß sein.

Übernehmen Sie die Rolle der Erzählerin und setzen Sie sich in das mittlere Feld. Die Kinder bilden zwei gleich große Gruppen. Eine Gruppe über-nimmt die Rolle der Bienen und bezieht das rechte Feld. Die zweite Gruppe spielt die Wespen und geht auf das linke Feld. Beide Gruppen legen sich an der Grenzlinie ihrer Nester auf den Boden. Erzählen Sie nun eine Geschichte über Bienen und Wespen. Sobald der Begriff »Bienen« fällt, springen diese auf und versuchen die Wespen zu fangen. Die Wespen versuchen sich hin-ter ihrer Außenlinie zu retten. Wird eine Wespe am Rücken berührt, ver-wandelt sie sich in eine Biene und muss das Nest wechseln. Das Spiel ver-läuft umgekehrt, sobald der Begriff »Wespe« genannt wird.

Willkommen in der Wasserwelt!

Wasser ist bei den Kindern ein sehr beliebtes Spielelement. Während sie im Bad und in der Küche zum sparsamen Umgang mit Wasser angehalten werden, dürfen sie es im Sommer ausgiebig erfahren. Warme Temperaturen laden zu intensiver Beschäftigung mit dem kühlenden Nass ein. Beim Spiel mit und im Wasser haben die Kinder nicht nur viel Spaß, sondern sie können auch viele verschiedene Sinneserfahrungen machen.

Erste Experimente in der Wasserlandschaft

Nehmen Sie die folgenden Angebote als Anregung für eigene Ideen, um die Kinder vorsichtig an das Element Wasser heranzuführen. Schon bald werden sie nach Lust und Laune planschen, matschen und im Wasser herumtoben.

Da es die Kinder wahrscheinlich nicht mögen, wenn sie angespritzt werden, vereinbaren Sie für das Spiel in der Wasserlandschaft feste Verhaltensregeln. Jedes Kind sollte genau wissen, wie und wohin gespritzt werden darf.

Wasser erkunden

- **Bildungsbereich:** Wahrnehmung und Bewegung
- **Alter:** ab 3 Jahre
- **Anzahl:** unbegrenzt
- **Ort:** draußen
- **Material:** Wasser, Planschbecken, Eimer, Wannen, Becher, Trichter, Löffel, Wasserräder, Plastikflaschen, Sprühflaschen, Plastikspritzen, Wasserrutschplane, Mülltüten, Wasserschlauch

Vermitteln Sie den Kindern auf spielerische Weise erste Sinneserfahrung mit dem Element Wasser. Dies kann mit und ohne Hilfsmittel, mit einzelnen Körperteilen oder dem ganzen Körper geschehen. Stellen Sie mehrere mit Wasser gefüllte Gefäße und Behälter oder ein kleines Planschbecken auf. Vielleicht besitzt die Einrichtung sogar eine Wasserrutschplane. Falls nicht, funktionieren Sie einige Mülltüten als Rutschbahn um und spritzen Sie diese mit einem Wasserschlauch nass.

Legen Sie außerdem verschiedene Becher, Trichter, Löffel, Plastikflaschen, Sprühflaschen, Plastikspritzen und Wasserräder bereit. Damit dürfen die Kinder nach ihren Vorstellungen in der Wasserlandschaft experimentieren.

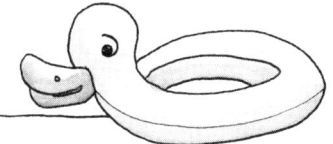

Je nachdem wie mutig sie sind, lassen sie Wasser durch die Finger rinnen, erzeugen sie Wellen, schöpfen sie das Wasser hin und her oder probieren die Wasserrutsche aus. Regen Sie die Experimentierfreude der Kinder mit folgenden Fragen an:
- Wie fühlt sich Wasser an?
- Könnt ihr das Wasser festhalten?
- Welche Form hat Wasser?

Matschen mit Wasser und Sand

⊙ **Bildungsbereich:** Wahrnehmung und Bewegung
⊙ **Alter:** ab 3 Jahre
⊙ **Anzahl:** unbegrenzt
⊙ **Ort:** draußen
⊙ **Material:** Wasser, feiner Sand, Eimer, Wanne
Bestimmt haben die Kinder beim Erkunden des Wassers selbst die Idee, dieses Element mit Sand zu vermischen. Das Matschen bei sommerlichen Temperaturen macht den Kindern besonders viel Spaß, wenn sie dabei in Badebekleidung nach Herzenslust herummatschen dürfen. Zum Schluss werden sie kurz abgeduscht und sind wieder sauber.

Staudamm bauen

- **Bildungsbereich:** Wahrnehmung und Bewegung
- **Alter:** ab 3 Jahre
- **Anzahl:** unbegrenzt
- **Ort:** draußen
- **Material:** Steine, Stöcke, Kiesel, Sand, Gummistiefel, Matschkleidung

Wenn es in Ihrer Umgebung ein flaches Fließgewässer gibt, unternehmen Sie mit den Kindern einen Ausflug dorthin. Ausgerüstet mit Gummistiefeln und Matschbekleidung, dürfen sie unter Ihrer Aufsicht einen kleinen Staudamm bauen.

Gemeinsam suchen die Kinder Steine, Stöcke, Kiesel und Sand, um an geeigneter Stelle einen Staudamm zu bauen und den Durchfluss des Gewässers zu blockieren. Bei dieser Aktion ist die Teamfähigkeit der Kinder gefordert. So erfahren sie, wie das Gewässer durch ihr Einwirken am Fließen gehindert wird und welche Kraft es entwickelt, wenn der Durchfluss wieder geöffnet wird.

Spiele mit Wasser

Punkte schießen

- **Bildungsbereich:** Wahrnehmung und Bewegung
- **Alter:** ab 5 Jahre
- **Anzahl:** unbegrenzt
- **Ort:** draußen
- **Material:** Plastikbecher, wasserfester Stift, Luftballons, Eimer, Wasser, Stift, Zettel

Die Kinder schreiben auf die Böden mehrerer Plastikbecher beliebige Zahlen von 0 bis 10 und stellen diese danach nebeneinander auf einen Tisch. Dann füllt jedes Kind drei Luftballons mit Wasser und verknotet diese. In der

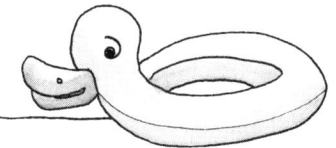

Zwischenzeit markieren Sie gegenüber dem Tisch eine Linie. Der Abstand sollte mindestens 1 Meter betragen.

Nach diesen Vorbereitungen ziehen die Kinder ihre Badekleidung an, denn nun wird es nass. Der Reihe nach wirft jedes Kind seine drei Wasserballons auf die Becher und versucht diese umzuwerfen. Für jeden umgeworfenen Becher wird die entsprechende Punktzahl notiert. Wer die meisten Punkte erzielt, hat diesen Durchgang gewonnen. Danach kann eine neue Runde beginnen. Haben die Kinder Spaß an diesem feuchtfröhlichen Wurfspiel, können sie es als Turnier durchführen.

Flaschenabwerfen

- **Bildungsbereich:** Wahrnehmung und Bewegung
- **Alter:** ab 5 Jahre
- **Anzahl:** unbegrenzt
- **Ort:** draußen
- **Material:** gleiche Flaschen, Tennisbälle, Wasser

Die Kinder finden sich paarweise zusammen. Jedes Paar erhält zwei gefüllte Wasserflaschen und einen Tennisball. Damit stellen sie sich im Abstand von 5 bis 10 Meter gegenüber auf. Das Kind mit dem Ball versucht nun, die Flasche seines Partners zu treffen. Gelingt es ihm, läuft es schnell zur umgeworfenen Flasche und schüttet so viel Wasser wie möglich aus. Um dies zu stoppen, muss das Partnerkind schnellstmöglich in den Ballbesitz kommen. Sobald es den Ball hat, darf es seine Flasche wieder aufstellen. Danach gehen beide auf ihre Ausgangsposition zurück. Nun darf das zweite Kind sein Glück versuchen und seinen Ball auf die Flasche werfen. Trifft es nicht, bleibt es an seinem Platz stehen. Es verliert das Kind, dessen Flasche als Erste vollständig entleert ist.

Staffelspiele

Becherstaffel

● **Bildungsbereich:** Wahrnehmung und Bewegung
● **Alter:** ab 4 Jahre
● **Anzahl:** unbegrenzt
● **Ort:** draußen
● **Material:** Wassereimer, Sandeimer, gleich große Becher

Bei diesem Wettkampfspiel bilden sich mehrere gleich große Mannschaften. Für jede Gruppe stehen an der Startlinie ein gefüllter Wassereimer und ein leerer Plastikbecher bereit. An der gegenüberliegenden Ziellinie steht ein leerer Sandeimer.

Auf Ihr Zeichen laufen die ersten Kinder der Mannschaften mit einem vollen Becher los. Nach etwa 10 Metern sind sie am Ziel und leeren den Inhalt ihres Bechers in den Sandeimer. Danach laufen sie so schnell wie möglich zurück und übergeben ihren leeren Becher dem nächsten Kind ihrer Gruppe. Gewonnen hat die Mannschaft, die als Erste ihren leeren Eimer bis zum Rand mit Wasser gefüllt hat.

Wasser-Hand-Beförderung

● **Bildungsbereich:** Wahrnehmung und Bewegung
● **Alter:** ab 4 Jahre
● **Anzahl:** unbegrenzt
● **Ort:** draußen
● **Material:** große Eimer, Wasser

Die Kinder werden in Kleingruppen eingeteilt und stellen sich an der Startlinie auf. Vor jeder Gruppe steht ein mit Wasser gefüllter Eimer. Auf der gegenüberliegenden Seite steht in etwa 5 Meter Entfernung ein leeres Gefäß. Auf Ihr Zeichen tauchen die ersten Kinder der Mannschaften ihre

Hände so in den Wassereimer, dass sie Wasser herausschöpfen können. So schnell wie möglich bringen sie dies zum leeren Gefäß. Anschließend rennen sie zu ihrer Mannschaft zurück und schlagen das nächste Kind an, das nun an der Reihe ist. Jede Mannschaft muss vier Durchgänge absolvieren. Wenn der Staffellauf beendet ist, wird mit Messbechern abgemessen, welche Gruppe das meiste Wasser transportiert hat. Diese Mannschaft hat gewonnen.

Herr Ober, ein Wasser bitte!

- **Bildungsbereich:** Wahrnehmung und Bewegung
- **Alter:** ab 6 Jahre
- **Anzahl:** unbegrenzt
- **Ort:** draußen
- **Material:** Tabletts mit je 5 Plastikbechern, Wassereimer, Sandeimer, Messbecher, Wasser

Jede Mannschaft erhält ein Tablett, fünf Plastikbecher, einen gefüllten Wassereimer und einen leeren Sandeimer. Damit stellen sie sich in einer Reihe an der Startlinie auf. Auf Ihr Zeichen füllen die ersten Kinder der Mannschaften ihre Becher mit Wasser, stellen diese auf ihre Tabletts, laufen damit schnellstmöglich zur Ziellinie und wieder zurück. Obwohl jede Minute zählt, sollten sie so wenig Wasser wie möglich verschütten, denn den Rest ihrer Becher müssen sie am Start in die leeren Eimer füllen. Erst danach dürfen sie ihr Tablett dem nächsten Kind übergeben. Sobald alle Mitglieder einer Mannschaft den Staffellauf absolviert haben, wird das Spiel gestoppt. Ermitteln Sie nun mit einem Messbecher die Wassermenge in den einzelnen Sandeimern. Es gewinnt die Mannschaft, die das meiste Wasser gerettet hat.

Spiel und Spaß im Wasser

Gehen Sie ab und zu mit den Kindern schwimmen? Vielleicht hatten Sie es vor, sind aber bisher noch nicht dazu gekommen. Dann sollten Sie Ihr Vorhaben in die Tat umsetzen, denn die Kinder werden begeistert sein. Im Wasser erfahren sie die Schwerelosigkeit und Beweglichkeit ihrer Körper ganz neu. Schon das Plantschen trainiert ihre Muskeln und verbessert die Koordination ihrer Bewegungsabläufe. Nutzen Sie die Sommerzeit, um bei Wasserspielen im Freien die Körperwahrnehmung und den Gleichgewichtssinn der Kinder zu fördern.

Wichtige Hinweise für Sie!

Erkundigen Sie sich bei Ihrer Kommune, ob Sie als Aufsichtsperson über ein DLRG-Abzeichen verfügen müssen. Auch wenn dieses Schwimmabzeichen nicht in allen Kommunen gefordert wird, ist es zu Ihrer eigenen Sicherheit empfehlenswert.

Holen Sie für jedes Kind eine unterschriebene Schwimmerlaubnis der Erziehungsberechtigten ein.

Gehen Sie mit den Kindern nur in überschaubare Schwimmbäder, damit Sie den Überblick über die Kinder und deren Aktivitäten behalten.

Informieren Sie das Schwimmbad vor Ihrem Besuch mit einer größeren Kindergruppe, damit sich der Schwimmmeister auf Sie einstellen kann und ein wachsames Auge auf die Gruppe hat.

Lassen Sie sich von den Eltern der Nichtschwimmer geprüfte Schwimmhilfen mitgeben, welche die Kinder tragen müssen.

Nichtschwimmer und Kinder ohne Schwimmabzeichen dürfen nur in flache Schwimmbecken gehen.

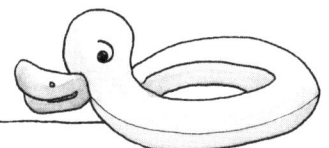

Baderegeln für die Kinder!

Vereinbaren Sie mit den Kindern klare Verhaltensregeln, die strikt einzuhalten sind. Besprechen Sie auch die Konsequenzen, wenn diese Regeln nicht eingehalten werden:

– Wer das Becken wechseln möchte, fragt eine Aufsichtsperson um Erlaubnis.
– Kein Kind darf gegen seinen Willen festgehalten oder untergetaucht werden.
– Erst ins Wasser gehen, wenn eine Aufsichtperson anwesend ist.
– Nichtschwimmer müssen im Wasser und am Wasserrand immer ihre Schwimmhilfen tragen.
– Wer auf Toilette oder in die Umkleideräume gehen möchte, sagt vorher einer Aufsichtsperson Bescheid.

Wassergewöhnung

- **Bildungsbereich:** Wahrnehmung und Bewegung
- **Alter:** ab 4 Jahre
- **Anzahl:** unbegrenzt
- **Ort:** draußen
- **Material:** Planschbecken, Wasserschlauch, Becher, Schwämme

Falls einige Kinder Ihrer Gruppe bisher nur wenig Kontakt mit Wasser hatten oder Ängste äußern, sollten Sie diese langsam und spielerisch an dieses Element gewöhnen.

– Lassen Sie die Kinder im flachen Wasser spielen.
– Mit einem Wasserschlauch bestimmen sie selbst, ob und wie stark sie welche Körperstellen mit Wasser bespritzen.
– Mit Schwämmen erfahren sie spielerisch, wie viel Wasser er aufnehmen und über ihrer Haut frei geben kann.
– Nehmen Sie die Kinder an die Hand oder auf den Arm und gehen Sie gemeinsam ins Wasser.

Bewegungsspiele im flachen Wasser

- **Bildungsbereich:** Wahrnehmung und Bewegung
- **Alter:** ab 4 Jahre
- **Anzahl:** unbegrenzt
- **Ort:** Schwimmbecken
- **Material:** Schwimmnudeln, Wassermatten, Ringe

Grundsätzlich gilt: Alle bekannten Bewegungsformen und Spiele, bei denen der Bodenkontakt und die aufrechte Körperhaltung weitgehend erhalten bleiben, sind auch im Wasser möglich. Laufen, gehen und hüpfen Sie mit den Kindern im Wasser um die Wette. Lassen Sie die Kinder mit Wassermatten, Schwimmnudeln und Ringen experimentieren.

Mitmachgeschichten im flachen Wasser

- **Bildungsbereich:** Wahrnehmung und Bewegung
- **Alter:** ab 4 Jahre
- **Anzahl:** unbegrenzt
- **Ort:** Schwimmbecken

Singen Sie Bewegungslieder und erzählen Sie Mitmachgeschichten, bei denen die Kinder passende Bewegungen im Wasser ausführen müssen. Sie können auch bestimmte Bewegungen vereinbaren, die auf Zuruf ausgeführt werden müssen. Beispielsweise sollen die Kinder bei »Fisch« untertauchen, bei »Regen« einen nassen Schwamm über ihr Gesicht halten, bei »Pelikan« mit den Händen auf die Wasseroberfläche schlagen und bei »Schiff« elegant durch das Wasser gleiten.

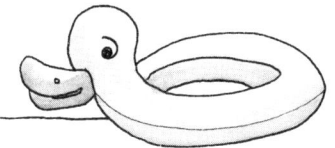

Wasser! Welle! Flut!

⬤ **Bildungsbereich**: Wahrnehmung und Bewegung
⬤ **Alter**: ab 4 Jahre
⬤ **Anzahl**: unbegrenzt
⬤ **Ort**: Schwimmbecken
Die Kinder bilden zwei Mannschaften und stehen sich mit ausgestreckten Händen an den Beckenseiten gegenüber. Auf Ihr Zeichen läuft ein Kind zur gegnerischen Mannschaft und schlägt dort drei Kinder ab. Beim ersten Kind ruft es »Wasser!«, beim zweiten Kind »Welle!« und beim dritten »Flut!«. Dann ergreift es so schnell wie möglich die Flucht, damit es nicht vom zuletzt abgeschlagenen Kind gefangen wird. Kann das flüchtende Kind entkommen, muss das abgeschlagene Kind in die gegnerische Mannschaft mitkommen. Wird das flüchtende Kind jedoch gefangen, muss dieses in die andere Mannschaft wechseln.
Das Spiel kann beliebig oft wiederholt werden. Gewonnen hat die Mannschaft, die am Schluss die meisten Gefangenen gemacht hat.

Piraten stechen in See!

⬤ **Bildungsbereich**: Wahrnehmung und Bewegung
⬤ **Alter**: ab 4 Jahre
⬤ **Anzahl**: unbegrenzt
⬤ **Ort**: Schwimmbecken
⬤ **Material**: Schwimmnudeln, Wassermatten, Ringe
Führen Sie eine Mitmachgeschichte im Wasser durch. Damit die Kinder Spaß an diesem Rollenspiel haben, gehen sie zunächst alle Übungen einzeln durch. Erst danach erzählen Sie die Geschichte langsam in einem Stück:
Die Piraten stechen in See. (Auf die Wassermatten setzen oder legen.) Sie wollen wissen, wo andere Schiffe sind. Deshalb rennen sie zum anderen Ende des Bootes und schauen mal nach. (Über die Matte laufen.) Ah, dort hinten ist ja schon ein großes Segelschiff. Sofort klettern die Piraten in ihre Beiboote. (Auf die Schwimmnudeln setzen.) Eilig rudern zu dem Schiff, das sie entern wollen. (Auf den Schwimmnudeln rudernd fortbewegen.)

Kaum haben sie ihr Ziel erreicht, klettern sie in das Segelschiff und entern es. (Auf die zweite Wassermatte klettern.) *Sie gehen unter Deck, um dort nach Schätzen zu suchen.* (Unter Wasser nach Ringen tauchen.) *Nachdem die Piraten alle Schätze gefunden haben, nehmen sie Kurs auf ihre Parateninsel.* (Auf die zweite Wassermatte klettern.) *Im Hafen angekommen, gehen sie von Bord.* (Von der Wasserrutsche wieder ins Wasser rutschen.)

Wassermusik

Wasser kann fließen, rauschen, plätschern, donnern, dröhnen und viele weitere Geräusche machen. Probieren Sie mit den Kindern die verschiedenen Wassergeräusche aus und lauschen Sie gemeinsam der Wassermusik.

Flaschenpanflöte

- **Bildungsbereich:** Wahrnehmung und Bewegung
- **Alter:** ab 3 Jahre
- **Anzahl:** unbegrenzt
- **Ort:** draußen oder drinnen
- **Material:** Glasflaschen, Wasser, Wanne

Für dieses Musikexperiment brauchen Sie mehrere Glasflaschen. Wichtig ist, dass alle Flaschen die gleiche Größe und die gleiche Form haben. Die Kinder füllen die Flaschen mit unterschiedlich viel Wasser und blasen kräftig in die Flaschenhälse. Es entstehen verschiedene Töne. Mit etwas Fantasie können die Kinder nun eigene Melodien komponieren.

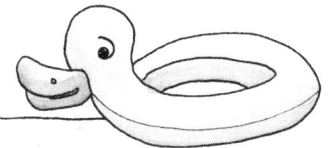

Klingende Gläser

- **Bildungsbereich:** Wahrnehmung und Bewegung
- **Alter:** ab 5 Jahre
- **Anzahl:** unbegrenzt
- **Ort:** draußen oder drinnen
- **Material:** dünnwandige Weingläser, Wasser

Die Kinder füllen mehrere Gläser mit unterschiedlich viel Wasser. Dann reiben sie langsam mit einem leicht angefeuchteten Finger über den Glasrand und erzeugen auf diese Weise verschiedene Töne. Können sie dieses Phänomen erklären? Durch die Reibung beginnt das Glas zu schwingen. Diese Luftschwingung wird als Ton wahrgenommen. Je höher ein Glas mit Wasser gefüllt ist, desto tiefere Töne erzeugt es. Dabei muss das Glas am Boden festgehalten werden. Falls beim Reiben keine Musik erklingt, sollten die Kinder den Druck auf den Glasrand erhöhen. Beziehen Sie die Kinder in die Experimente ein, die gerade keine Musik machen. Fragen Sie zum Beispiel nach, welches Glas ihres Erachtens am meisten schwingt und welche Töne ihnen am besten gefallen.

Gläserxylophon

- **Bildungsbereich:** Wahrnehmung und Bewegung
- **Alter:** ab 3 Jahre
- **Anzahl:** unbegrenzt
- **Ort:** draußen oder drinnen
- **Material:** Gläser, Wasser, Wanne, Schlegel

Die Kinder schlagen mit einem Schlegel vorsichtig gegen ein leeres Glas. Wie klingt das? Nach diesem Experiment füllen sie etwas Wasser in das Glas. Beim erneuten Gegenschlagen werden sie feststellen, dass es nun anders klingt. Füllen Sie in mehrere Gläser verschiedene Wassermengen und lassen Sie die Kinder beim Ausprobieren der Klänge improvisieren. Schaffen sie es, Melodien zu komponieren oder bekannte Melodien nachzuspielen?

Flupps, der kleine Fisch

- **Bildungsbereich:** Sprachliche Bildung / Wahrnehmung und Bewegung
- **Alter:** ab 3 Jahre
- **Anzahl:** unbegrenzt
- **Ort:** draußen oder drinnen
- **Material:** Planschbecken, Wasser, Trichter, Becher, Gießkanne, Gläser, Flaschenpanflöte, Gläserxylophon, Schlegel, Strohhalme

Die Kinder knien vor einem Planschbecken, vor kleinen Wasserwannen und verschiedenen Wassermusikinstrumenten. Sie erhalten Trichter, Becher, Gießkannen und andere Hilfsmittel.

Passend zum Text sollen sie nun zur folgenden Mitmachgeschichte die entsprechenden Geräusche und Bewegungen erzeugen. Außerdem soll jeder Begriff, der mit Wasser zu tun hat, in Töne umgesetzt werden. Zur Vorbereitung gehen Sie die Geschichte mit den Kindern mehrmals durch und überlegen Sie gemeinsam, wie sie verklanglicht werden kann:

Der kleine Fisch Flupps schwamm in seinem See herum und schaute den anderen Fischen zu. (Einen Finger durch das Wasser ziehen.) *»Wie gern wäre ich doch schon groß wie sie«, dachte er sich oft. Er bewunderte die anderen Fische, denn sie konnten im Wasser Sachen machen, die er noch nicht schaffte.*

Wenn die großen Fische durch den See schwammen, zogen sie große Wellen hinter sich her. (Mehrere Hände wellenförmig durch das Wasser ziehen, Gläserxylophon schlagen.) *Jeder kleinere Fisch, der hinter ihnen schwamm, wurde in dem Sog gezogen und abwechselnd von rechts nach links geschleudert.* (Die Hände schnell abwechselnd nach rechts und links ziehen.) *So sehr er auch seine kleinen Flossen bewegte, um es ihnen gleichzutun, er schaffte nur eine Miniwelle, die keiner bemerkte.* (Einen Finger schnell im Wasser bewegen.)

Wenn die großen Fische tauchten, stiegen Luftblasen blubbernd auf. (Mit Strohhalmen kräftig ins Wasser blasen.) *Die Luftblasen zerplatzten mit einem leisen »Pling« an der Oberfläche.* (Leicht gegen ein Glas schlagen.) *Bei seinen Tauchgängen stiegen lediglich kleine Luftblasen auf und zerplatzten mit einem leisen »Blubb«.* (Langsam und ganz vorsichtig einmal mit dem Strohhalm ins Wasser pusten.)

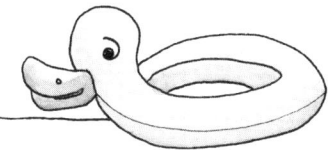

Am liebsten beobachtete Flupps, wenn die großen Fische aus dem Wasser sprangen, um mit einem lauten Platsch wieder einzutauchen. (Mit der flachen Hand auf das Wasser patschen.) *Manchmal sprangen sie aus dem Wasser, um Fliegen zu fangen, manchmal nur aus Spaß. Um richtig hoch aus dem See zu kommen, bewegten sie ganz schnell ihre Hinterflossen.* (Die flache Hand dicht über die Oberfläche halten und mit den Fingern schnell darauf schlagen, dabei immer schneller werden.)

Hatten die großen Fische die richtige Geschwindigkeit erreicht, zischten sie aus dem Wasser und landeten nach kurzer Zeit wieder platschend darin. (Nur die gestreckten Finger schnell durch das Wasser ziehen und dann mit der flachen Hand auf das Wasser patschen.)

Flupps hingegen konnte nur langsam mit seiner hinteren Flosse wackeln. (Einen Finger sacht auf das Wasser schlagen.) *Da er so keine hohe Geschwindigkeit aufbauen konnte, schaffte es nur sein Kopf aus dem Wasser.* (Hand lautlos ins Wasser stecken und wieder langsam rausziehen.)

Allerdings konnte Flupps etwas, das die großen Fische nicht mehr schafften. Er konnte ganz dicht ans Seeufer schwimmen und dort im flachen Wasser auf dem Grund liegen. Von diesem Platz aus beobachtete er, wie der Regen auf die Wasseroberfläche fiel. Bei Nieselregen musste er sich gut konzentrieren, um die Tropfen zu hören. (Die Sprühflasche so einstellen, dass das Wasser sehr fein ins Planschbecken gesprüht wird.) *Bei Prasselregen rauschten sie laut herunter.* (Mit der Gießkanne das Wasser ins Becken gießen.) *Dicke Tropfen hingegen hörten sich an, als ob jemand Steine in den See werfen würde.* (Steine ins Wasser werfen.)

Manchmal entdeckte Flupps sogar ein paar Spaziergänger, die barfuß durch das Wasser wateten. (Die Hände und Unterarme abwechselnd ins Wasser stecken und wieder herausnehmen.) *Die Kinder rannten hingegen immer schnell am flachen Ufer entlang und spritzten dabei das Wasser zu allen Seiten weg.* (Die Handflächen im schnellen Wechsel auf das Wasser schlagen und mit Wasser spritzen.)

An manchen Tagen gab es an diesem Platz jedoch nichts zu beobachten. Dann buddelte sich der kleine Fisch mit seinem Flossen in den Schlamm ein. (Hände ineinander verschränken, halb ins Wasser halten und auf und zu machen, um so ein Geräusch zu erzeugen.) *So träumte er davon, bald ein großer Fisch zu werden. Lange würde es bestimmt nicht mehr dauern ...*

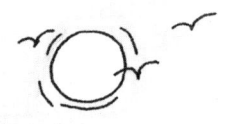

Gestatten? Ich bin der Schatten!

Ein ständiger Begleiter der Sonnenstrahlen ist der Schatten. Kinder lieben das Spiel mit Licht und Schatten. Während jüngere Kinder ihren Schatten vor allem überlisten wollen, nutzen ältere ihn gerne als Projektionsfläche für ihr zweites Ich.

Greifen Sie das Interesse der Kinder auf und machen Sie ihnen den Schatten als Spielpartner erlebbar. Dabei lernen sie sehr anschaulich, wie sie den Stand der Sonne abschätzen können. Gleichzeitig erfahren die Kinder bei verschiedenen Experimenten, dass die Sonne mittags einen geraden Stand hat und ihre Kraft dann am intensivsten ist. Zum Schutz ihrer eigenen Gesundheit sollten die Kinder verinnerlichen, dass sie die Sonne meiden sollten, wenn ihre Schatten kürzer sind als sie selbst.

Schattenspiele

Bau einer Sonnenuhr

- **Bildungsbereich:** Natur, Lebenswelt, Technik / Ästhetisch-kreative Bildung
- **Alter:** ab 4 Jahre
- **Anzahl:** unbegrenzt
- **Ort:** draußen
- **Material:** Blumentopf, Holzstab, Kieselsteine oder Sand, Kompass, Bleistift, farbige Stifte, Uhr, Zettelchen, Klebstoff

Bauen Sie mit den Kindern eine Sonnenuhr. Die Kinder reinigen einen Blumentopf und stellen einen Holzstab genau senkrecht hinein. Damit er nicht umfällt, fixieren sie ihn mit Kieselsteinen oder Sand. Anschließend beschriften sie zwei gegenüberliegende Seiten des Topfes jeweils mit einem S für Süden und einem N für Norden. Danach ermitteln die Kinder mit einem Kompass die Himmelsrichtungen und stellen ihre Sonnenuhr so auf, dass das N nach Norden zeigt.

Selbstverständlich sollten die Kinder ihre Sonnenuhr an einem Platz aufstellen, der von morgens bis abends von der Sonne beschienen wird. So können sie beobachten, wie der Schatten des Stabes mit dem Lauf der Sonnen wandert. Ältere Kinder markieren jede volle Stunde den Stand des Schattens am Topfrand. Für jüngere Kinder sind vermutlich nur die Frühstücks-, Mittags- und Abholzeiten interessant. Die Kinder markieren die Sonnenstände mit einem farbigen Strich. Darunter kleben sie selbst gemalte Symbole, um die Zeitangaben zu verdeutlichen. So können sie jederzeit ohne Hilfe ablesen, wie spät es gerade ist.

Schattenblumen

- **Bildungsbereich:** Ästhetisch-kreative Bildung / Natur, Lebenswelt, Technik
- **Alter:** ab 3 Jahre
- **Anzahl:** unbegrenzt
- **Ort:** draußen
- **Material:** Papierrolle (Tapetenrolle), Stifte, Schere

Die Kinder legen eine Papierrolle in den Schatten einer Sonnenblume und zeichnen deren Konturen nach. Anschließend schneiden sie das Schattenbild ihrer Blume aus und notieren auf der Rückseite die Uhrzeit seiner Entstehung. Diesen Vorgang wiederholen die Kinder zu jeder vollen Stunde. Nach einiger Zeit entstehen verschieden große Schattenbilder von ein und derselben Sonnenblume, die sich selbst jedoch überhaupt nicht verändert. Zum Abschluss der Aktion legen die Kinder alle Schattenbilder in chronologischer Reihenfolge aus. Mühelos werden sie erkennen, dass die Schatten morgens und abends am längsten sind.

Erklären Sie den Kindern, dass die Sonne zu diesen Tageszeiten sehr tief am Himmel steht und deshalb die Objekte schräg anstrahlt. Am Mittag, wenn die Sonne fast direkt über uns steht, sind die Schatten am kürzesten.

93

Schattige Doppelgänger

● **Bildungsbereich:** Wahrnehmung und Bewegung
● **Alter:** ab 3 Jahre
● **Anzahl:** unbegrenzt
● **Ort:** draußen

Laden Sie die Kinder an einem sonnigen Tag zu spannenden Experimenten mit ihrem eigenen Schatten ein. Die Kinder werden erfahren, dass ihr schattiger Begleiter sich ständig verändert, obwohl sie selbst immer gleich aussehen. Je nach Sonneneinstrahlung zeigt er sich als Riese oder Zwerg, ist er sehr dunkel oder beinahe unsichtbar. Auch seine Position variiert ständig. Einmal liegt er direkt vor ihnen, dann läuft er neben ihnen und ein anderes Mal versteckt er sich hinter ihrem Rücken. Mit Hilfe Ihrer Anweisungen gehen die Kinder diesem Phänomen nach:

– Wo ist euer Schatten? Bleibt er immer auf der gleichen Seite?
– Hat euer Schatten immer die gleiche Form, Größe und Farbe?
– Wie wird er riesengroß oder winzigklein?
– Wie verändert er sich, wenn ihr euch bewegt?
– Wer kann vor seinem Schatten davonlaufen?
– Wer schafft es, auf seinen eigenen Schatten zu springen?
– Wer kann seinen Schatten verschwinden lassen?
– Macht euer Schatten alles nach, was ihr macht? Was kann er nicht?

Doppelte Schatten

● **Bildungsbereich:** Wahrnehmung und Bewegung
● **Alter:** ab 3 Jahre
● **Anzahl:** unbegrenzt
● **Ort:** draußen

Die Kinder finden sich paarweise zusammen und stellen sich so zur Sonne, dass ihre Schatten gut zu erkennen sind. Ein Kind stellt mit seinem Körper einen lustigen Schatten dar. Sein Partner versucht sich nun so hinzustellen, dass sein Schatten genauso aussieht. Wem gelingt es? Danach werden die Rollen getauscht.

Schattenfangen

Bildungsbereich: Wahrnehmung und Bewegung
Alter: ab 3 Jahre
Anzahl: unbegrenzt
Ort: draußen

Bei diesem Spiel laufen die Kinder innerhalb eines sonnigen Spielfeldes beliebig hin und her. Begleitet werden sie dabei von ihrem Schatten. Beim Herumlaufen müssen sie sehr genau aufpassen, dass ihr Schatten nicht vom Fuß eines anderen Kindes gefangen wird. Dann müssen sie nämlich das Spielfeld verlassen. Selbstverständlich darf jedes Kind auch die Schatten der anderen Kinder fangen, so dass diese ausscheiden müssen. Gewonnen hat das Kind, das am Schluss des Bewegungsspiels übrig bleibt.

Projektionsspiele

Bildungsbereich: Wahrnehmung und Bewegung
Alter: ab 5 Jahre
Anzahl: unbegrenzt
Ort: draußen
Material: Hüte, Brillen, Tücher, Stöcken, Kronen, Kleider und weitere Utensilien zum Verkleiden

Mit Sicherheit wird es den Kindern großen Spaß machen, an einer Wand oder auf dem Boden mit ihrem Schatten zu spielen und lustige Figuren zu zaubern. Ihrer Experimentierfreude sind hierbei keine Grenzen gesetzt:

– Die Kinder stellen mit ihrem Körper große und kleine Tiere dar. Die anderen müssen diese erraten.
– Die Kinder verkleiden sich als Hexen, Könige, Räuber oder andere Fantasiegestalten und denken sich ein Schattenmärchen aus.
– Zu zweit oder in Kleingruppen entwickeln die Kinder eine Geschichte und führen diese als Schattenspiel vor.

Schatten suchen

- **Bildungsbereich:** Wahrnehmung und Bewegung
- **Alter:** ab 3 Jahre
- **Anzahl:** unbegrenzt
- **Ort:** draußen

Unternehmen Sie mit den Kindern auf dem Außengelände oder außerhalb Ihrer Einrichtung eine Entdeckungstour. Erzählen Sie zur Einstimmung, dass alle Dinge einen Schatten haben. Kann das wirklich sein? Vielleicht gibt es ja doch einige Dinge, die keinen Schatten haben? Finden die Kinder auf diese komplizierte Frage eine Antwort? Am besten forschen sie selbst einmal nach, ob wirklich alles einen Schatten hat. Halten Sie sich bei den Erkundungen der Kinder zurück. Bestimmt ist es interessant zu beobachten, wie sie bei ihren Untersuchungen vorgehen. Entdecken sie tatsächlich etwas, das keinen Schatten hat?

Wandernde Schattenbilder

- **Bildungsbereich:** Wahrnehmung und Bewegung
- **Alter:** ab 5 Jahre
- **Anzahl:** unbegrenzt
- **Ort:** draußen
- **Material:** bunte Kreide

Nachdem sich die Kinder ausgiebig mit ihren eigenen Schatten auseinandergesetzt haben, werden sie nun die Schatten von Gegenständen erkunden. Sie sollen diese Schatten einfangen und die Umrisse der Schattenbilder mit bunter Kreide einkreisen.

Voller Begeisterung und mit großer Konzentration werden die Kinder die großflächigen Konturen umkreisen. Dabei stellen sie bestimmt sehr schnell fest, dass die Schatten ganz anders aussehen als die Objekte selbst und dass sie ständig weiterwandern. Das neu entstandene Schattenbild wird sofort mit einer anderen Farbe nachgezeichnet. Auf diese Weise erkennen die Kinder, dass der Schatten sowohl seine Position als auch seine Größe ständig verändert.

Schattenbilder erraten

- **Bildungsbereich:** Ästhetisch-kreative Bildung / Wahrnehmung und Bewegung
- **Alter:** ab 5 Jahre
- **Anzahl:** unbegrenzt
- **Ort:** draußen und drinnen
- **Material:** Flaschen, Kerzenständer und ähnliche kleine Gegenstände, großes Tuch, kleine Tücher, Malpapier, Stifte, Korb

Legen Sie verschiedene kleine Gegenstände wie Flaschen, Kerzenständer oder Becher in einen Korb und decken Sie diesen mit einem großen Tuch ab. Die Kinder sitzen mit dem Rücken zu Ihnen gewandt. Reihum nimmt sich jedes Kind einen Gegenstand aus dem Korb und wickelt ihn schnell in ein kleines Tuch, damit die anderen Kinder ihre Auswahl nicht sehen können! Dann sucht es sich ein sonniges Plätzchen und stellt seinen Gegenstand so in die Sonne, dass dieser einen möglichst interessanten Schatten wirft. Ist das Kind mit dem Schattenbild zufrieden, zeichnet es die Umrisse auf einem Blatt Malpapier nach. Wichtig ist auch dabei, dass die anderen Kinder nichts sehen können!

Sind alle Bilder fertig, wickeln die Kinder ihre Gegenstände wieder in die kleinen Tücher und versammeln sich im Kreis. Nacheinander legen alle ihre Kunstwerke in die Mitte und die dazugehörigen Gegenstände in den Korb zurück. Können die Kinder jedem Bild den richtigen Gegenstand zuordnen? Haben die Kinder Spaß an diesem Ratespiel, wiederholen Sie es mit veränderten Regeln. Alle Kinder gehen auf ihre Sonnenplätze zurück und warten dort, bis sie einen Gegenstand von Ihnen überreicht bekommen. Sobald alle Schattenbild fertig gezeichnet sind, sammeln Sie alle Gegenstand wieder ein und legen diesen in den Korb zurück. Anschließend kommen alle Kinder wieder im Kreis zusammen und legen ihre Bilder gut sichtbar auf dem Boden aus. Greifen Sie nun in Ihren Korb und halten Sie einen Gegenstand in die Höhe. Erkennen die Kinder das dazu passende Schattenbild? Selbstverständlich darf das Kind, das diesen Gegenstand zuvor gemalt hatte, auch diesmal die Lösung nicht verraten.

Schattenmessung

- **Bildungsbereich:** Natur, Lebenswelt, Technik / Wahrnehmung und Bewegung
- **Alter:** ab 5 Jahre
- **Anzahl:** unbegrenzt
- **Ort:** draußen
- **Material:** Zentimetermaß, Zollstock, Faden, Schere

Haben die Kinder eine Vorstellung, wie sich die Größe der Schatten im Laufe eines Tages immer wieder verändert? Welche Schatten möchten sie auf ihrem Außengelände einen Tag lang beobachten?

Bei ihrer Auswahl sollten die Kinder darauf achten, dass ihre Beobachtungsposten nicht verrückt werden können, rundherum zugänglich sind und zudem an einem sonnigen Platz stehen. Am besten eignen sich einzeln stehende Bäumchen, Hecken, Klettergerüste, Rutschbahnen oder große Sonnenblumen. Ausgestattet mit Zentimetermaß und Zollstock messen die Kinder stündlich die Schatten.

Variation: Statt einem Zollstock können jüngere Kindern eine lange Paketschnur zum Abmessen der Schatten verwenden. Bei jeder Messung legen sie die Schnur auf den Schatten und schneiden sie dann genau auf seine Länge zu. Auf diese Weise erhalten sie verschieden lange Schüre.

Schattenporträts

- **Bildungsbereich:** Ästhetisch-kreative Bildung
- **Alter:** ab 5 Jahre
- **Anzahl:** unbegrenzt
- **Ort:** draußen
- **Material:** weißes Malpapier, schwarzer Tonkarton, Stifte, Scheren, Tesakrepp, Klebestift, Bilderrahmen

Befestigen Sie weißes Papier an einer Wand oder auf dem Boden. Nun legt oder setzt sich ein Kind so vor das Papier, dass sich das Profil seines Gesichtes deutlich auf dem Papier abbildet. Dabei sollten Sie darauf achten, dass der Kopf einen scharfen Umriss auf das Papier wirft. Ebenso sollte das Schattenporträt gut proportioniert sein. Achten Sie darauf, dass charakteristische Merkmale wie Brillen oder Haarsträhnen auf dem Schattenbild zu erkennen sind. Zeichnen Sie den Kopf auf dem Papier nach. Anschließend darf das Kind sein Schattenbild auf schwarzen Tonkarton übertragen und ausschneiden. Das fertige Schattenportrait bekommt noch einen schönen Rahmen und wird als Überraschungsgeschenk für die Eltern verpackt.

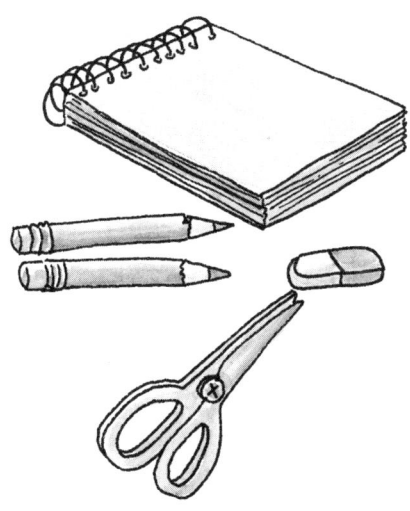

99

Sommerwerkstatt

Für das Spielen mit Wasser und Sand brauchen die Kinder oftmals keine Aufforderung. Die meisten lieben es zu matschen und im freien Spiel kreative Ideen zu entwickeln.

Verlegen Sie die Sommerwerkstatt ins Freie und greifen Sie das Interesse mit den Naturelementen auf. Mit Wasser und Sand entstehen vergängliche sowie bleibende Kunstwerke.

Ein typisches Material zum kreativen Gestalten sind im Sommer auch Muscheln aller Art.

Ideen aus Wasser und Sand

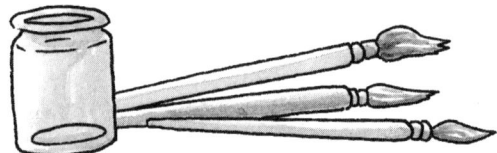

Vergängliche Bilder

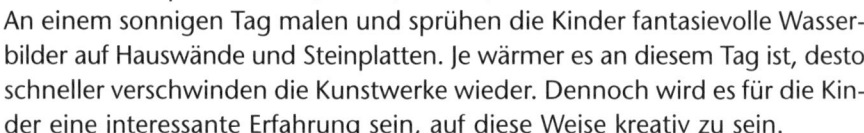

- **Bildungsbereich:** Ästhetisch-kreative Bildung
- **Alter:** ab 3 Jahre
- **Anzahl:** unbegrenzt
- **Ort:** draußen
- **Material:** Sprühflaschen, Pinsel, Becher, Wasser

An einem sonnigen Tag malen und sprühen die Kinder fantasievolle Wasserbilder auf Hauswände und Steinplatten. Je wärmer es an diesem Tag ist, desto schneller verschwinden die Kunstwerke wieder. Dennoch wird es für die Kinder eine interessante Erfahrung sein, auf diese Weise kreativ zu sein.

Sand färben

- **Bildungsbereich:** Ästhetisch-kreative Bildung
- **Alter:** 4 Jahre
- **Anzahl:** unbegrenzt
- **Ort:** draußen
- **Material:** Sand, Batikfarben, Wasser, Sieb, Tuch, flache Teller oder Tücher

Die Kinder färben hellen Sand mit Batikfarben – alternativ eignen sich auch Wasserfarben. Mit Ihrer Hilfe lösen sie die Batikfarbe gemäß der Gebrauchsanleitung in Wasser auf. Nach und nach geben die Kinder sauberen Sand in die Farblösung und lassen das Farb-Sand-Gemisch danach mindestens zwei Stunden stehen. Anschließend gießen sie die Farbe durch ein Sieb ab und lassen den Sand auf einem großen Tuch trocknen. Je großflächiger der Sand ausgebreitet wird, desto schneller trocknet er.

Bunte Sandbilder

- **Bildungsbereich:** Ästhetisch-kreative Bildung
- **Alter:** 4 Jahre
- **Anzahl:** unbegrenzt
- **Ort:** draußen oder drinnen
- **Material:** bunter Sand, dünnere Pappen, Kleister, Pinsel, Fotoapparat (Digitalkamera), Farbdrucker

Haben die Kinder schon einmal mit farbigem Sand gemalt? Sie stellen farbigen Sand her (Anleitung siehe Seite 102) und streuen damit ein Bild auf einen flachen Untergrund. Da diese Bilder vergänglich sind, werden alle Kunstwerke zum Schluss mit einer Digitalkamera fotografiert und die besten Aufnahmen ausgedruckt.

Falls die Kinder ihre Sandbilder haltbar machen möchten, malen sie die Konturen ihrer Motive mit Klebstoff auf dünne Pappe und streuen darüber den gefärbten Sand. Nach dem Trocknen heben sie ihr Kunstwerk in die Höhe und schütteln den überschüssigen Sand ab. Nun können die Sand-bil-der in mehreren Schritten ausgemalt werden. Dabei arbeiten die Kinder jeweils nur mit einer Farbe! Bei jedem Schritt streichen sie nur die Flächen mit Kleister, die mit der gleichen Farbe gefüllt werden sollen. Auf diese Klebeflächen streuen sie die gewünschte Sandfarbe und lassen sie gut trok-knen. Erst danach wird der überflüssige Sand abgeschüttelt und können die nächsten Farbfelder mit Kleber eingestrichen werden.

Bunte Sandgläser

- **Bildungsbereich:** Ästhetisch-kreative Bildung
- **Alter:** 4 Jahre
- **Anzahl:** unbegrenzt
- **Ort:** draußen oder drinnen
- **Material:** gefärbter Sand, lange Stricknadeln, weiße Marmeladen- oder Joghurtgläser mit Deckel, weiße Glasflaschen mit Verschluss

Die Kinder säubern ihre Gläser und Flaschen. Anschließend füllen sie den gefärbten Sand so hinein, dass verschiedene Farbschichten entstehen. Sind

die Glasbehälter bis zum Rand gefüllt ist, stechen sie eine Stricknadel an der Glaswand entlang in den Sand hinein. Dabei bewegen die Kinder ihre Nadel vorsichtig hin und her, damit sich die Sandschichten leicht vermischen. Zum Schluss werden die Sandkunstwerke im Glas fest verschlossen und dekorativ als Geschenk oder Mitbringsel verpackt.

Kunstwerke aus Lehm

- **Bildungsbereich:** Ästhetisch-kreative Bildung
- **Alter:** ab 3 Jahre
- **Anzahl:** unbegrenzt
- **Ort:** draußen
- **Material:** Schaufeln, Spaten, stark lehmhaltige Erde, Wasser

Suchen Sie in Ihrem Außenbereich eine geeignete Stelle, an der die Kinder ein etwa 50 Zentimeter tiefes Erdloch in der Größe von 2 x 2 Meter für eine Lehmgrube graben dürfen. Sollte sich in der Nähe der Grube kein Wasserhahn befinden, verlegen Sie einen Wasserschlauch dorthin.

Nachdem das Erdloch mit stark lehmhaltiger Erde aufgefüllt und mit Wasser angereichert ist, kann der Spaß beginnen. Nun dürfen die Kinder nach Herzenslust darin herummatschen. Bestimmt wollen sie sich erst mal mit dem Lehmteig vertraut machen und ihn gut durchkneten. Dabei werden sie feststellen, dass er Blasen wirft und Knetgeräusche von sich gibt. Seien Sie gespannt, welche unterschiedliche fantasievollen Figuren und Bauten durch die eifrigen Kinderhände entstehen. Vielleicht graben sie sogar einen Schatz aus. Da das Spiel in der Lehmgrube die Wahrnehmung und Kreativität als auch die Ausdauer, Feinmotorik und Konzentrationsfähigkeit der Kinder fördert, sollten Sie für dieses Angebot viel Zeit einplanen.

Fantasiewelt aus Wasser und Sand

Sandburgen können nicht nur am Meer, sondern auch in einer Sand-kiste entstehen. Wie wäre es, wenn die Kinder eine Fantasiewelt aus Sand und Wasser entstehen lassen? Damit sie ihren eigene Ideen einbringen und sich selbst aktiv beim Bau ihrer Sandkastenlandschaft betätigen, sollten Sie sich bei dieser Angebotsreihe im Hintergrund halten.

Erlebnislandschaft im Sandkasten

- **Bildungsbereich:** Ästhetisch-kreative Bildung
- **Alter:** ab 3 Jahre
- **Anzahl:** unbegrenzt
- **Ort:** Sandkasten
- **Material:** Sand, Steine, Kies kleine Äste, Blätter, Moos, Gras, Tannen-zapfen und ähnliche Naturmaterialien, Wasser, Tüten, Folien, Schüsseln

Gestalten Sie mit den Kindern den Sandkasten um. Verwandeln Sie ihn in eine Erlebnislandschaft. Je größer die Sandkiste ist, desto mehr Gestaltungs-möglichkeiten sind gegeben. Die Kinder buddeln Löcher und legen diese mit Folien aus oder stellen flache Schüsseln hinein. Auf diese Weise entste-hen kleine Teiche und tiefe Seen. Damit die Gewässerränder natürlicher aus-sehen, werden diese mit Sand oder Kies verdeckt. Mit verschiedenen Naturmaterialien gestalten die Kinder Wälder, Wiesen, Bäche, Hügel, Wege und Brücken. Aus Pappkartons und Schachteln bauen sie Häuser, Hütten, Schlösser und Burgen. Die entstandenen Pappgebäude sind haltbarer als Sandbauten und fügen sich gut ins Landschaftsbild ein.

Vernetzte Wasserwege

- **Bildungsbereich:** Ästhetisch-kreative Bildung
- **Alter:** ab 5 Jahre
- **Anzahl:** unbegrenzt
- **Ort:** draußen
- **Material:** Dachrinnen, schmale Rohre, Trichter, Eimer, Hocker, Mörtelbehälter, Wannen, fingerdicker Plastikschlauch, Kordel, Trichter, Wasser, Naturmaterialien

Aus verschiedenen Baumaterialien lassen die Kinder eine abwechslungsreiche Wasserstraßenlandschaft entstehen. Zunächst überlegen sie, wo und wie sie Wasserwege anlegen wollen. Möchten sie ein gerades Kanalbett oder eine unterirdische Rohrleitung verlegen? Auch Bergquellen und ein Wasserfall sollten nicht fehlen. Für den Bau einer Bergquelle drehen die Kinder einen Hocker um und binden einen Schlauch spiralförmig an seinen Beinen fest. Danach verkleiden sie den Hocker mit Naturmaterialien, so dass ein kleiner Berg entsteht und der Hocker darunter verschwindet. In dem Berggipfel bauen die Kinder einen Trichter ein, dessen Ende direkt mit dem Schlauch verbunden wird. Um ihre Quelle zum Sprudeln zu bringen, schütten sie Wasser in den Trichter. Ob diese Bergquelle in einen See oder einen Fluss einmündet, bleibt der Fantasie der Kinder überlassen. Noch interessanter wird die Landschaft, wenn sie einen Wasserfall in ihre Landschaft einbauen. Dabei gehen sie ähnlich wie beim Bau der Bergquelle vor.

Glitzerfische angeln

- **Bildungsbereich:** Ästhetisch-kreative Bildung
- **Alter:** ab 3 Jahre
- **Anzahl:** unbegrenzt
- **Ort:** draußen
- **Material:** dünne Äste, bunte Bänder, Scheren, Moosgummi, Glitzer, Kleber, kleine Magnete und Aufhänger aus dem Anglerfachgeschäft

Schneiden Sie für die Gewässer der Erlebnislandschaft kleine Fische aus Moosgummi zurecht. Damit die Fische wie der Regenbogenfisch glitzern, bekleben die Kinder die Körper mit Glitzer. Zum Schluss kleben sie einen oder mehrere Magnete so an den Rumpf der Fische, dass diese aus dem Wasser geangelt werden können. Für die Angelruten suchen die Kinder dünne Äste. Daran binden sie die Schnüre und die gekauften Aufhänger. Schon kann das Angeln in der selbst gebauten Fantasielandschaft beginnen.

Figuren aus Sand und Wasser

- **Bildungsbereich:** Ästhetisch-kreative Bildung
- **Alter:** ab 5 Jahre
- **Anzahl:** unbegrenzt
- **Ort:** draußen
- **Material:** Wasser, Sand, Stärkemehl, Lebensmittelfarbe, Tasse, alter Topf, Holzlöffel

Die Fantasielandschaft ist nun beinahe fertig gestellt. Jetzt fehlen nur noch die passenden Figuren, die in ihrer Landschaft leben und bestimmte Funktionen erfüllen sollen. Neben Anglern, Campern, Ruderern, Spaziergängern, Sonnenanbetern, Bergsteigern, Bauarbeitern und Kapitänen gestalten die Kinder auch Rehe, Hunde, Vögel oder Fantasiewesen.
Besonders haltbar werden die Spielfiguren, wenn sie aus einem speziellen Sand-Wasser-Gemisch hergestellt werden. In einen alten Topf oder Eimer geben die Kinder eine Tasse Stärkemehl, zwei Tassen feinen Sand, eine Tasse Wasser und Lebensmittelfarbe. Anschließend verrühren sie alle Zutaten. Sie erwärmen das Gemisch bei mittlerer Hitze und rühren die dickflüssige Masse nochmals kräftig durch. Sobald die knetähnliche Masse abgekühlt ist, formen die Kinder daraus ihre Figuren. Bevor die fertigen Figuren ihren Platz in der Erlebnislandschaft einnehmen können, müssen diese noch ein paar Tage an der Luft trocknen.

Basteln mit Muscheln

Sommerzeit ist zugleich auch Reisezeit und damit eine Zeit, die oftmals ans Meer führt. Zur Erinnerung an den Urlaub werden Muscheln gesammelt und in kleinen Tüten mit nach Hause genommen. Dort liegen sie nach kurzer Zeit meist unbeachtet in Schachteln oder Gläsern. Bitten Sie die Kinder, ihre Urlaubserinnerungen mitzubringen, um daraus schöne Dinge zu gestalten.

Geruchsfreie Muscheln

Oftmals riechen Muscheln etwas unangenehm. Um ihnen den Geruch zu nehmen, gibt es folgende Möglichkeiten: Legen Sie die Muscheln in ein Nudelsieb und stellen Sie dieses in die Spülmaschine. Nach dem Spülgang müsste der Geruch verschwunden sein. Sie können die Muscheln aber auch über Nacht in eine Lösung aus Backpulver und Wasser legen.

Urlaubsgrüße an Muschelklammern

- **Bildungsbereich:** Ästhetisch-kreative Bildung
- **Alter:** 3 Jahre
- **Anzahl:** unbegrenzt
- **Ort:** drinnen
- **Material:** Muscheln, Klebstoff, Holzwäscheklammern, Postkarten, Schnur

Wie wäre es, wenn die Kinder ihre Postkarten und schönsten Fotos aus den Urlaubsländern auf einer Wäscheleine im Gruppenraum aufhängen? Sie bekleben ein paar Holzwäscheklammern mit kleinen Muscheln und lassen diese gut trocknen. Dann spannen sie eine lange Schnur und hängen daran ihre Urlaubserinnerungen mit Hilfe ihrer sommerlich verzierten Muschelklammern auf.

Sand-Muschel-Bilder

- **Bildungsbereich:** Ästhetisch-kreative Bildung
- **Alter:** 5 Jahre
- **Anzahl:** unbegrenzt
- **Ort:** drinnen
- **Material:** Muscheln, Steine, Rinde, Moos, Sand, Tapetenkleister, Eimer, Spachtel, dünne Pressspanplatte, große Papierbogen, Klebstoff, Bastelfarbe, Pinsel

Muschelbilder sehen besonders dekorativ aus, wenn sie auf Sand geklebt werden. Rühren Sie den Tapetenkleister gemäß der Packungsbeilage an. Ist er ausreichend gequollen, mischen Sie den Sand darunter, bis Sie eine zähflüssige, aber noch leicht streichbare Masse erhalten. Nun bestreichen die Kinder eine dünne Pressspanplatte gleichmäßig mit der Sand-Kleister-Masse, bis eine etwa 2 Zentimeter dicke Schicht entstanden ist. In diese klebrige Sandschicht drücken sie Muscheln und andere Naturmaterialien. Die fertigen Kunstwerke brauchen ein paar Tage zum Trocknen. Um die Strukturen von bestimmten Elementen wie Wasser, Sonne oder Wolken besser hervorzuheben, können die Kinder diese mit Farbe bestreichen.

Den Sommer mit dem Körper erfahren

Verbinden Sie die Arbeit an naturkundlichen Themen mit dem Erleben des eigenen Körpers. Stärken Sie die Körperwahrnehmung der Kinder durch Entspannungs- und Mitmachgeschichten, die typische Inhalte des Sommers beinhalten.
Der Wechsel zwischen Ruhe und Bewegung sowie zwischen alltagsnahen Themen und Fantasie ermöglichen den Kindern vielfache Möglichkeiten zum Verarbeiten von Erfahrungen und Wissen.

Entspannung und Bewegung

Schmetterlingsentspannung

- **Bildungsbereich:** Wahrnehmung und Bewegung
- **Alter:** ab 4 Jahre
- **Anzahl:** unbegrenzt
- **Ort:** Raum ohne störende Einflüsse
- **Material:** Matratzen, Decken, Kissen, Chiffontücher oder andere leichte Tücher

Bei der folgenden Entspannungsübung finden sich die Kinder paarweise zusammen. Ein Kind liegt mit geschlossenen Augen bequem auf dem Bauch oder Rücken. Das andere Kind kniet seitlich daneben und bedeckt den Körper seines Partners im Verlauf der Übung mit Chiffontüchern.

Führen Sie an einem Kind vor, wie die Tücher hingelegt werden sollen. Lassen Sie während der gesamten Dauer der Entspannungsübung ruhige Musik laufen. Erzählen Sie zur Einstimmung eine kleine Geschichte, damit die Kinder leichter zur Ruhe kommen und entspannen können:

> *Stellt euch vor, ihr liegt auf einer bunten Blumenwiese und sonnt euch. Die Sonnenstrahlen wärmen eure Haut. Ihr atmet den Duft der blühenden Blumen ein und fühlt euch wohl. Bunte Schmetterlinge fliegen durch die Luft. Ein Schmetterling landet sanft auf eurem Körper. Dort bleibt er sitzen. Spürt ihr den kleinen Falter? Langsam kommen immer mehr Schmetterlinge angeflogen. Einer nach dem anderen landet auf eurem Körper ...*

Passend zum Text bedecken die knienden Kinder ihre liegenden Partner mit Chiffontüchern. Sie beginnen mit den Füßen und machen bis zum Kopf weiter. Sind die liegenden Kinder vollständig bedeckt, lauschen alle zusammen der Entspannungsmusik. Beenden Sie die Übung durch leises Sprechen und holen Sie die Kinder behutsam aus der Übung zurück. Leiten Sie das Ende der Entspannungsphase ein, sobald sich die ersten Kinder von ihren Tüchern befreien wollen. Nach einer kurzen Pause tauschen die Kinder ihre Rollen und ein zweiter Durchgang der Übung kann beginnen. Zum Abschluss beider Übungseinheiten sollten Sie eine Reflexionsrunde anbieten, damit sich die Kinder über ihre Erlebnisse austauschen können.

Die Mücken sind los

- **Bildungsbereich:** Wahrnehmung und Bewegung
- **Alter:** ab 4 Jahre
- **Anzahl:** unbegrenzt
- **Ort:** draußen oder drinnen
- **Material:** Fliegenklatschen, Bildkarten mit Körperteilen

Bilden Sie mit den Kindern einen Sitzkreis. In der Mitte liegen große Bildkarten, auf denen alle Körperteile eines Menschen abgebildet sind.

Erzählen Sie den Kindern, dass ein großer Mückenschwarm im Anflug ist. Um die Mücken abwehren zu können, erhält jedes Kind eine Fliegenklatsche. Damit es mit der Abwehr im entscheidenden Moment auch klappt, müssen die Kinder allerdings noch ein wenig trainieren. Am besten geht dies mit einer kleinen Geschichte von einem mutigen Kind, das erfolgreich einen Mückenschwarm abgewehrt hat. Sobald Sie einen Körperteil nennen, müssen die Kinder mit der Klatsche so schnell wie möglich auf die passende Bildkarte schlagen.

Rutschbahn ins Meer

- **Bildungsbereich:** Wahrnehmung und Bewegung
- **Alter:** ab 3 Jahre
- **Anzahl:** unbegrenzt
- **Ort:** draußen
- **Material:** Bänke, Kästen, Tücher, Weichbodenmatten

Gemeinsam bauen die Kinder aus Bänken, Kästen, Tüchern und Weichbodenmatten eine stabile Rutschbahn, die mitten im Meer steht. Die Rutsche sollte so konstruiert sein, dass sie auch als Absprungmöglichkeit genutzt werden kann. Das Meer wird mit Weichmatten dargestellt. Schaffen die Kinder die bauliche Herausforderung ohne Hilfe oder brauchen sie Ihre Unterstützung? Selbstverständlich dürfen die Kinder ihre selbst gebaute Wasserrutsche sofort einweihen. Wie sie auf die Rutschbahn kommen und ins Meer springen, müssen sie selbst ausprobieren. Sie dürfen vorwärts als auch rückwärts hüpfen, im Stehen oder im Sitzen landen. Wichtig ist immer, dass kein Kind verletzt oder gefährdet wird.

Fantasiereise ins Meeresschloss

- **Bildungsbereich:** Wahrnehmung und Bewegung
- **Alter:** ab 5 Jahre
- **Anzahl:** 6 Kinder
- **Ort:** Raum oder Wiese ohne störende Einflüsse
- **Material:** Decken, Matratzen, Kissen, Malpapier und Stifte, Musikabspielgerät, Entspannungsmusik mit Wasserklängen

Alle Kinder machen es sich auf den Matratzen bequem. Sie schließen die Augen und stellen sich vor, sie liegen am Strand. Bestimmt kennen alle Kinder eine Geschichte vom Meer oder waren selbst schon einmal dort. Deshalb können sie bei der folgenden Traumreise auf ihre Erinnerungen zurückgreifen. Erklären Sie kurz den Ablauf der Traumreise, damit sie sich innerlich die Entspannungsphase einstellen können. Lassen Sie im Hintergrund entspannende Musik mit Wasserklängen laufen. So fällt es den Kindern leichter, in die Fantasiereise einzutauchen:

Schließt eure Augen und konzentriert euch ganz auf euren Atem. Atmet leicht ein und aus. Ein ... und ... aus ... Während ihr leicht und ruhig atmet, wird euer Körper immer entspannter. Stellt euch vor, dass überall große und kleine Seifenblasen herumschweben. Das Sonnenlicht lässt sie in den schönsten Regenbogenfarben schimmern. Plötzlich kommt eine riesengroße Seifenblase herangeschwebt. Ganz langsam kommt sie immer näher. Nun ist sie direkt über euch. Doch was ist das? Ohne dass ihr es bemerkt habt, befindet ihr euch in der Seifenblase! Ihr fühlt euch sehr wohl darin. Ein kleiner Windstoß pustet die Seifenblase durch die Luft. Ihr spürt ein leichtes angenehmes Kribbeln im Bauch. Ihr fühlt euch, als würdet ihr in einer Glaskugel sitzen. Wohin wird die Reise wohl gehen?

Gespannt schaut ihr euch um. Ihr fliegt über gelbe Felder und grüne Wiesen. Ab und zu schweben weiße Schäfchenwolken an euch vorbei. In der Ferne seht ihr das blaue Meer in der Sonne glitzern. Nach einiger Zeit gleitet die Seifenblase langsam nach unten und fliegt direkt auf das Meer zu. Vorsichtig landet sie auf den Wellen und taucht ganz langsam immer tiefer ins Meer ein. Habt ihr es bemerkt? Eure Seifenblase hat sich in ein gläsernes U-Boot verwandelt!

Viele kleine und große Fische schwimmen an euch vorbei. Auf dem Meeresboden glitzern viele Seesterne. Unzählige Seeigel sind zu sehen. Ihr seid fasziniert von der Farbenpracht der Meeresbewohner.

Plötzlich kommen mehrere Seepferdchen direkt auf euch zu. Auf ihren Rücken sitzen winzige Reiter. Alle haben lange, blaue Haare und bunt schillernde Schwanzflossen statt Beine. Die Meeresfrauen tragen prächtigen Muschelschmuck. Lange Ketten, kunstvolle Armbänder und Ringe schmücken ihre Körper. Sogar in ihren Haaren glitzern kleine Seesterne.

Eine kleine Meeresfrau reitet ganz dicht an euch heran. An einer langen Leine führt sie ein reiterloses Seepferdchen. Vorsichtig tippt sie an eure Seifenblase. Blubb! Was war das? Die Blase ist zerplatzt. Doch zu eurer Verwunderung könnt ihr ganz normal atmen und euch genauso wie die kleinen Meereswesen im Wasser bewegen. Ihr spürt das erfrischende Wasser und fühlt euch wie ein Fisch im Wasser.

Die kleine Meeresfrau lächelt euch an. Sie gibt euch die Leine von ihrem reiterlosen Seepferdchen und bittet euch aufzusteigen. Nun kommen auch die anderen kleinen Meeresleute heran, um euch zu begrüßen und auf einen

Ritt durch ihr Unterwasserreich einzuladen. Gespannt nehmt ihr die Einladung an. Ihr haltet euch an den Zügeln fest und folgt der kleinen Meeresfrau. Plötzlich seht ihr ein gigantisches Unterwasserschloss. Es hat unzählige Türmchen und ist von oben bis unten mit farbigen Muscheln bedeckt. Ein prunkvolles Tor öffnet sich. Neugierig betretet ihr das Schloss. Wie sieht es da drinnen wohl aus?

Ihr habt jetzt drei Minuten Zeit, um euch im Schloss umzusehen. Die kleine Meeresfrau wird euch begleiten. Zusammen werdet ihr viel Spaß haben. Vielleicht begegnet ihr einem geheimnisvollen Schlossbewohner oder ihr erlebt sehr ungewöhnliche Abenteuer. Genießt die Zeit und merkt euch gut, was ihr seht und erlebt.

... Die drei Minuten sind vorbei. Ihr müsst euch jetzt von den Meeresbewohnern verabschieden. Langsam geht ihr zum Tor und schreitet hindurch. Sobald ihr das Unterwasserschloss verlassen habt, werdet ihr wieder auf eurer Matte liegen ... Ihr dürft euch jetzt strecken und recken, eure Augen öffnen und euch setzen. Damit ihr eure Erlebnisse gut in Erinnerung behaltet, dürft sie jetzt aufmalen.

Während die Kinder malen, sollten Sie sich als Gesprächspartner zur Verfügung stellen, falls sie Ihnen von ihren Gefühlen und Erlebnissen erzählen möchten.

Sommerliches Rollenspiel

Nutzen Sie die folgende Mitmachgeschichte lediglich als Rahmenhandlung. Übernehmen Sie dabei die Rolle des Erzählers, der die Kinder zum Mitmachen animiert. Je mehr Ideen und Vorschläge der Kinder Sie einbeziehen, desto intensiver wird das Erlebnis für alle.

Bieten Sie für die Abschlussreflexion eine Blitzlichtrunde oder eine Malaktion an. So können alle Kinder in Worten oder Bildern erzählen, was ihnen gefallen oder nicht gefallen hat. Hängen Sie die Bilder gut sichtbar auf, so dass auch in den nächsten Tagen der inhaltliche Bezug erhalten bleibt.

Wir verreisen!

- **Bildungsbereich:** Sozial-emotionale Bildung / Wahrnehmung und Bewegung / Sprachliche Bildung
- **Alter:** ab 5 Jahre
- **Anzahl:** 5 bis 8 Kinder
- **Ort:** draußen oder drinnen

Um die Kinder auf das folgende Rollenspiel einzustimmen, erzählen sie reihum von ihren Urlaubserlebnissen und Urlaubsträumen. Da einige Kinder eventuell noch niemals verreist waren, sollten Sie insbesondere diese Kinder nach ihren Vorstellungen und Reisewünschen fragen. Besprechen Sie gemeinsam, wie der Ablauf einer Urlaubsreise in ein fernes Land aussehen könnte und welche Reisevorbereitungen zu erledigen sind.

Tipps zur Vorbereitung des Rollenspiels

- Bereiten Sie einen größeren Raum ohne Kinder vor. Gestalten Sie ihn so dekorativ, dass die Atmosphäre zum Mitmachen einlädt.
- Teilen Sie den Raum mit Tüchern, Pflanzen, Krepppapier und Kreide in verschiedene Spielbereiche ein.
- Legen Sie in jedem Spielbereich die benötigten Materialien aus.
- Bestücken Sie einen Koffer mit sommerlichen Verkleidungssachen.
- Bereiten Sie sich einen Merkzettel vor, auf dem Sie ein paar Stichpunkte zum Ablauf der Reise und zu den Spielen notieren.

117

Begrüßung der Kinder

● **Material:** Klemmbrett mit Namensliste aller Kinder, Stift

Zur Einstimmung in das Rollenspiel rufen Sie alle Kinder namentlich auf und bitten Sie diese, sich bei Ihnen zu melden. Heißen Sie die Kinder willkommen und stellen Sie sich als Reiseleitung vor:

Guten Tag, ich bin eure Reiseleitung. Ich freue mich, euch auf eurer Reise begleiten zu dürfen. Da unser Urlaubsziel weit entfernt ist, fliegen wir mit dem Flugzeug dorthin. Wie ich gerade höre, ist unser Flugzeug jetzt startklar. Lasst uns gleich losgehen, denn der Kapitän und seine Crew warten schon auf uns …

Bitte anschnallen! Wir starten!

● **Material:** Turnbank, Stuhl

Die Kinder sitzen hintereinander auf einer Turnbank. Damit Sie als Reiseleitung stets Blickkontakt mit ihnen haben, sollten Sie vor der Bank auf einem Stuhl sitzen. Sobald alle ihre Plätze eingenommen haben, beginnen die Vorbereitungen für den Start. Dabei machen die Kinder alle Bewegungen mit, die Sie spiegelverkehrt vormachen:

Willkommen an Bord. Bitte alle die Plätze einnehmen, die Sitzgurte anlegen und die Tische hochklappen. Achtung! Wir rollen auf die Landebahn. (Die Kinder treten mit den Füßen abwechselnd auf den Boden.) *Wir heben ab.* (Alle legen sich nach hinten.) *Nun haben wir die richtige Flughöhe erreicht.* (Alle richten sich wieder auf.) *Wer mag, darf sich abschnallen. Wir fliegen eine große Rechtskurve.* (Alle legen sich weit nach rechts zur Seite.) *Achtung, gut festhalten! Wir durchfliegen Turbulenzen!* (Auf der Bank leicht auf und ab hüpfen.) *Wir fliegen eine große Linkskurve.* (Alle legen sich weit nach links zur Seite.) *Wir verlassen unsere Flughöhe und beginnen mit dem Landeanflug. Bitte alle anschnallen. Wir sinken.* (Alle neigen sich nach vorne.) *Bitte gut festhalten! Wir landen.* (Einmal kurz aufspringen, dann wieder hinsetzen.) *Geschafft, die Maschine ist sicher auf dem Boden gelandet. Wir sind da. Wir verabschieden uns von unseren Fluggästen und wünschen einen schönen Urlaub.* (Alle steigen aus.)

Ankunft im Urlaubsland

Material: Koffer mit Verkleidungssachen
Damit die richtige Urlaubsstimmung aufkommt, sollten sich die Reisenden
erst einmal umziehen. Führen Sie die Kinder zu einem prall gefüllten Koffer,
der Sonnenhüte, Sonnenbrillen, Hemden, Sandalen und andere sommerliche Utensilien enthält. Reihum wählt sich jedes Kind eine Verkleidung und
das entsprechende Zubehör aus.

Strandspaziergang

Material: Teppichfliesen, blaues großes Tuch
Auch wenn noch nicht alle Kinder am Meer waren, können sie sich gut
einen Strandspaziergang vorstellen. Alle haben nämlich bestimmt einmal
barfuß in der Sandkiste gespielt.

> *Heute ist es ganz schön warm. Lasst uns die Schuhe ausziehen und am
> Meer spazieren gehen.* (Breiten Sie ein großes blaues Tuch aus.) *Laufen
> wir schnell dorthin. Spürt ihr den Sand unter euren Füßen?*
> *Aber was ist das? Der Sand ist ja ganz heiß!* (Verteilen Sie viele Teppich-
> fliesen in kleinen Abständen überall im Raum.) *Glücklicherweise liegen
> überall Handtücher, auf die wir springen können. Allerdings sind die Hand-
> tücher so klein, dass immer nur ein Kind darauf stehen kann. Ihr müsst euch
> also genau abstimmen, bevor ihr springt ... Geschafft! Wir sind jetzt direkt
> am Wasser. Seht ihr, wie gleichmäßig die Wellen heranrollen und sich
> wieder zurückziehen?*
> *Haltet eure Füße ins Wasser und wackelt mit den Zehen. Nun laufen wir
> ganz schnell durch das Wasser. Ist das erfrischend! Lasst uns ins Meer
> springen und darin herumtoben. Bestimmt habt ihr schon eine Idee, was wir
> jetzt alles machen können ...*

119

Mittsommerfest im Zauberreich

Mittsommerfest mit Elfen, Feen und Zwergen

Nach unserem Kalender beginnt der Sommer mit der Sommersonnwende am 21. Juni. Dies ist der längste Tag und somit auch die kürzeste Nacht des Jahres. In vorchristlicher Zeit galt die Sonnwende als Nahtstelle, welche die Welt der Götter mit jener der Menschen verband.

Zahlreiche Märchen erzählen, wie sich in dieser Nacht die Berge öffnen und Naturgeister wie Elfen, Feen und Zwerge hinaustreten, um mit den Tieren und den Menschen zu sprechen. Die Kelten feierten dieses Ereignis als »Alban Hevin«. Später erklärte die katholische Kirche diesen Tag zum Geburtstag von Johannes dem Täufer. In Skandinavien wird der Mittsommertag traditionell in der Nacht vom 23. auf den 24. Juni gefeiert, also genau sechs Monate vor Heiligabend.

121

Wir feiern Mittsommer!

Falls Sie Mittsommer bisher noch nicht gefeiert haben, sollten Sie dieses Fest mit Kindern und Eltern gemeinsam durchführen. Am besten verknüpfen Sie es mit Ihrem bisherigen Sommerfest oder mit dem Kindergartenabschlussfest. Vermitteln Sie den Kindern die uralten Vorstellungen dieser magischen Nacht und treten Sie gemeinsam ins Reich der Fantasie ein.

Elfen, Feen und Zwerge

- **Bildungsbereich:** Sprachliche Bildung / Ästhetisch-kreative Bildung
- **Alter:** ab 3 Jahre
- **Anzahl:** unbegrenzt
- **Ort:** drinnen
- **Material:** Papier, Stifte

Erzählen Sie den Kindern, dass in der Mittsommernacht viele Elfen, Feen und Zwerge die Menschen besuchen kommen. Doch wer kann eigentlich erklären, wie Zwerge, Elfen und Feen aussehen? Wo wohnen sie? Womit verbringen sie ihre Zeit? Was machen sie am liebsten? Was essen sie? Kennen sie sich untereinander? Spielen sie miteinander?

Lassen Sie die Kinder von ihren Vorstellungen erzählen. Vertiefen und ordnen Sie die Aussagen durch gezielte Nachfragen. Bestimmt wird nach einiger Zeit eine rege Diskussion rund um die Zauberwesen entstehen. Sammeln Sie alle Aussagen und fassen Sie diese zum Schluss noch einmal zusammen.

Zur intensiveren Auseinandersetzung mit den Naturgeistern bilden die Kinder drei Kleingruppen. Eine Gruppe malt ein Zwergenbild. Die zweite Gruppe gestaltet ein Elfenbild und die dritte Gruppe ein Feenbild. Zum Schluss werden die fertigen Kunstwerke in der ganzen Gruppe vorgestellt und für alle gut sichtbar aufgehängt.

Auf der Suche nach Elfen, Feen und Zwerge

- **Bildungsbereich:** Wahrnehmung und Bewegung
- **Alter:** ab 3 Jahre
- **Anzahl:** unbegrenzt
- **Ort:** draußen

Begeben Sie sich mit den Kindern auf die Suche nach den Elfen, Feen und Zwergen. Bei dieser Erkundungstour überprüfen sie, ob ihre Vermutungen zu den Wohnorten der Zauberwesen stimmen. Führen Sie die Kinder dabei immer weiter in die Fantasiewelt ein. Ein Mauseloch wird zum Eingang in ein Zwergenhaus. Hinter dem Fuchsbau befindet sich das Tor zum Zwergenschloss, wo der Zwergenkönig mit seinem Gefolge lebt. Eine besonders schöne Blume ist die Zauberblume, die stets genügend Elfenstaub für die Elfen bereithält. Glitzernde Steine und Gräser sind ein Anzeichen dafür, dass hier soeben eine Fee vorbei geschwebt ist. Sind die Kinder erst einmal bereit, sich in die Fantasiewelt zu begeben, werden sie mit Sicherheit noch viele weitere Spuren der Zauberwesen finden.

Die magischen Kräfte der Pflanzen

- Die Zweige einer Birke können bis in die Feenwelt hineinreichen.
- Wer in der Mittsommernacht unter einem Holunderbusch schläft, sieht den Elfenkönig mit seinem Gefolge vorbeiziehen.
- Feen lieben Ranunkeln und stellen aus diesen Blumen einen köstlichen Feentrank und süße Elfennaschereien her.
- Der Weißdorn ist ein beliebter Feentreffpunkt.
- Farnwedel könnten Vorhänge einer Feenbehausung sein. Zudem soll er genau um Mitternacht eine goldene Blüte hervorbringen und einen Samen abwerfen, der über besondere Kräfte verfügt. Wer diesen Samen trägt, wird unsichtbar und kann verborgene Schätze entdecken.

Mittsommerkräuter sammeln

- **Bildungsbereich:** Sozial-emotionale Bildung
- **Alter:** ab 4 Jahre
- **Anzahl:** unbegrenzt
- **Ort:** draußen
- **Material:** Johanniskraut, Margeriten, Klee, Kamille, Basilikum, Lavendel, Eisenkraut, dünner Draht, Schere, kleine Stoffbeutel, rote Bänder

Sammeln Sie mit den Kindern Johanniskraut, Margeriten und Klee. Diese Kräuter sollen vor Krankheiten schützen, wenn sie unter das Kopfkissen gelegt oder als Kranz gebunden ins Fenster gehängt werden. Aus diesen Kräutern können die Kinder auch Kettenanhänger gestalten, die sie beim Mittsommerfest mit roten Bändern um ihren Hals binden.

Ein weiterer typischer Mittsommerbrauch ist es, Johanniskraut, Basilikum, Kamille, Lavendel und Eisenkraut in kleine Stoffbeutel zu füllen und diese mit einem roten Band zuzubinden. Dieses Kräutersäckchen soll alle Sorgen, Probleme und Krankheiten vertreiben.

Mittsommerbaum gestalten und aufstellen

- **Bildungsbereich:** Ästhetisch-kreative Bildung
- **Alter:** ab 3 Jahre
- **Anzahl:** unbegrenzt
- **Ort:** draußen oder drinnen
- **Material:** Sonnenschirmständer, Stange, Ring oder Kranz aus Metall, Styropor oder Weidenzweige, Zeitungen, Efeu, Birkenzweige, Laub, Blumen, Gräser, Krepppapier, Moosgummi, Tonpapier, Draht

Ähnlich wie der Maibaum in Deutschland wird der Mittsommerbaum in Schweden mit Bändern und Naturschmuck dekoriert. Wickeln Sie einen Metallring in Zeitungspapier ein, den die Kinder mit Blättern, Efeu, Gräsern, Tannenzapfen, Birkenzweigen und ähnlichen Naturmaterialien begrünen dürfen. Wie beim Adventskranz befestigen sie die Materialien mit dünnem Draht. Die Stange umhüllen sie mit Birkenzweigen, Blättern und Efeu. Der fertig geschmückte Kranz wird mit Draht oder bunten Bändern am oberen

Ende der Stange befestigt und mit diesem in einen Schirmständer gestellt. Zum Mittsommerfest erhält der dekorative Mittsommerbaum seinen endgültigen Standort. Nun darf um ihn herum getanzt und gefeiert werden.

Mittsommerblumenkränze binden

⬤ **Bildungsbereich:** Ästhetisch-kreative Bildung
⬤ **Alter:** ab 5 Jahre
⬤ **Anzahl:** unbegrenzt
⬤ **Ort:** draußen oder drinnen
⬤ **Material:** Bast oder Efeuranken, kleine Rosen, Zaunwinden und andere bunte Sommerblumen, Bänder, dünner Draht

Die Kinder binden aus Bast und Draht einen Grundkranz – statt Bast können sie auch lange Efeuranken verwenden. Passen Sie jeden Grundkranz der Kopfgröße seines Trägers an, bevor er mit Rosen, Zaunwinden und anderen bunten Sommerblumen verziert wird. An einer Stelle befestigen die Kinder lange, bunte Bänder, die beim Tragen im Nacken herunterhängen.

Tanz um das Mittsommerfeuer

⬤ **Bildungsbereich:** Sozial-emotionale Bildung
⬤ **Alter:** ab 4 Jahre
⬤ **Anzahl:** unbegrenzt
⬤ **Ort:** draußen
⬤ **Material:** Feuerstelle, Feuerholz, feuchter Sand, Schaufel, Genehmigungen zum Feuer machen

Ein Tanz um das Mittsommerfeuer soll Unheil abwenden. Falls Sie bei Ihrem Fest diesen Brauch praktizieren möchten, sollten Sie bedenken, dass offene Feuer immer genehmigungspflichtig sind. Holen Sie sich vor dem Fest die Erlaubnis ein und beachten Sie die Sicherheitsbestimmungen. Falls Ihnen keine Feuerstelle zur Verfügung steht, bereiten Sie ein kleines Feuer vor. Achten Sie bei den Sitzplätzen und beim Tanz darauf, dass der Sicherheitsabstand zum Feuer stets ausreichend ist. Damit keine Gefahr durch Funken-

flug entsteht, sollten Sie unbedingt auch die Windrichtung beachten. Legen Sie eine Stunde vor dem Löschen des Feuers kein Holz nach, sondern lassen Sie es langsam ausbrennen und schütten Sie feuchten Sand auf die Glut.

Mittsommernachtswanderung

Dieses Angebot bedarf einiger Vorbereitungen. Wählen Sie für die Mittsommernachtswanderung ein Gelände aus, das Sie schon tagsüber mit den Kindern erkundet haben und das bei Dunkelheit wenig beleuchtet ist. Da Geräusche, Gerüche und Oberflächen bei Dunkelheit intensiver wahrgenommen werden als am Tage, erscheinen diese Orte am Abend fremd und geheimnisvoll.

Legen Sie auf der geplanten Route Glitzerfäden, Lametta, Feenhaar, Engelhaar, kleine rote Filzzipfelmützen und andere Spuren aus, die auf die Gegenwart von Feen, Elfen und Zwergen hinweisen. Wählen Sie den Zielort in der Nähe eines Farns aus und verstecken Sie dort einen Schatz, den die Zauberwesen für die Kinder vorbereitet haben.

Mittsommernacht im Reich der Zauberwesen

- **Bildungsbereich:** Sozial-emotionale Bildung
- **Alter:** ab 5 Jahre
- **Anzahl:** unbegrenzt
- **Ort:** draußen oder drinnen
- **Material:** Wegeplan, Lametta, Engelhaar, kleine rote Filzzipfelmützen, Glitzerstaub, Rucksack, Getränke, Naschereien, Taschenlampen, Schokoladentaler in Goldfolie

Höhepunkt des Mittsommerfestes ist ein abendlicher Ausflug, bei dem Sie gemeinsam mit den Kindern und ihren Eltern den Spuren der Zauberwesen folgen. Um die Kinder auf die Mittsommernachtswanderung einzustimmen, erzählen Sie folgende Geschichte:

Mittsommerfest mit Elfen, Feen und Zwergen

Wie ihr wisst, feiern wir heute ein ganz besonderes Ereignis. Heute haben wir nämlich den längsten Tag und die kürzeste Nacht im Jahr. An diesem Tag verlassen die Elfen, Feen und Zwerge ihre magische Welt und besuchen unsere Welt. Allerdings sind diese Wesen sehr menschenscheu und halten sich meist an ihren Lieblingsorten versteckt. Vielleicht haben wir Glück und wir finden ihre Spuren oder wir sehen sie sogar.

Die Elfen, Feen und Zwerge sind mit vielen Tieren befreundet und verstecken sich oft in ihrem Gefieder oder Fell. Damit wir die Tiere nicht erschrecken, müssen wir ganz leise sein. Auch viele Pflanzen sind heute verzaubert und besitzen magische Kräfte. Heute Nacht werden wir die magischen Pflanzen sehen, in denen sich die Feen, Elfen und Zwerge am liebsten verstecken. Damit sie spüren, dass auch wir ihre Freunde sind, müssen wir ein Zauberritual durchführen und uns alle zusammen im Kreis aufstellen. Auf mein Zeichen dreht sich jeder dreimal ganz schnell nach links. Danach dreht sich jeder dreimal langsam nach rechts und hüpft dreimal in die Höhe. Anschließend fassen wir uns an den Händen, gehen gemeinsam in die Mitte und wieder zurück. Zum Schluss rufen wir zusammen den Zauberspruch:

> *Elfen, Zwerge und Feen,*
> *wir möchten euch heute Abend sehen!*

Nach dieser Einstimmung kann das abendliche Abenteuer beginnen. Suchen Sie die Zauberpflanzen der Mittsommernacht (siehe Seite 122-123). Vielleicht finden die Kinder auch die Lieblingsblumen der Feen, Elfen und Zwerge. Bleiben Sie öfters stehen und lauschen Sie in den Wald hinein. Haben die Kinder das Rascheln, das Knistern oder den Luftzug bemerkt? Das könnte auf einen Zwerg, eine Elfe oder eine Fee hindeuten. Erzählen Sie an verschiedenen Orten immer wieder von den magischen Fähigkeiten der Pflanzen. So können die Kinder sich schnell in die nächtliche Welt der Zauberwesen einfühlen und spüren deren Anwesenheit während der gesamten Aktion.

Als Höhepunkt und Abschluss der Wanderung finden die Kinder einen Schatz, den die Zauberwesen für sie versteckt haben. Die Kinder bedanken sich bei den Zwergen, Elfen und Feen für das Geschenk und verabschieden sich bis zur nächsten Mittsommernacht.

Service

Fachbücher

Ingrid Biermann: WaldTage. Kleine Aktionen für den Kita-Alltag (IdeenBlitz). Herder, 2006.
Andrea Frommherz, Edith Günter-Biedermann: Kinderwerkstatt Zauberkräuter. AT Verlag, 1997.
Ina Kunz: Frühling, Sommer, Herbst und Winter. Spiele und Bastelideen für Kinder. Matthias-Grünewald-Verlag, 2001.

Sachbücher

Heiko Bellmann: Welches Insekt ist das? Franckh-Kosmos, 2005.
Anne Ebert, Andrea Erne: Der Marienkäfer. Ravensburger Buchverlag, 2007.
Bärbel Oftring: Ensslin Naturführer – Entdecke die Natur in Frühling und Sommer. Ensslin bei Arena Verlag, 2005.
Malcolm Powell: Ants kleines Blumenbuch. Das kinderleichte Bestimmungsbuch für Blumen, Gräser, Kräuter. Verlag An der Ruhr, 2006.
Wolf-Dieter Storl: Heilkräuter und Zauberpflanzen zwischen Haustür und Gartentor (MensSana). Droemer/Knaur, 2007.
Angela Weinhold: Was Insekten alles können. Ravensburger Buchverlag, 2007.
Christiane Kastner, Catherine Springer: Das Erdbeer-Heft.

Bilder- und Vorlesebücher

Rotraut S. Berne: Sommer-Wimmelbuch. Gerstenberg, 2005.
Elsa Beskow: Das Blumenfest. Urachhaus, 2006.
Eric Carle: Der kleine Käfer Immerfrech. Gerstenberg, 1999.
Phillip Hoose, Hannah Hoose, Debby Tilley: He, kleine Ameise. Baumhaus Medien, 2003.

Internetseiten

www.taurachsoft.at/bienen/kinder/kid_start.htm
www.heilpflanzen-katalog.de